Ingrid Decker
Das ungerecht verteilte Paradies
Erinnerungen an die Apartheid in Südafrika

Für Winnie

*Danken möchte ich meinem Ehemann,
den ich in Johannesburg kennengelernt habe und der mich fast ein halbes
Jahrhundert sicher durchs Leben gelotst
hat.*

Ingrid Decker

Das ungerecht verteilte Paradies

Erinnerungen an die Apartheid in Südafrika

Bibliografische Information der Deutschen Nationalbibliothek:
Die Deutsche Nationalbibliothek verzeichnet diese Publikation in der Deutschen Nationalbibliografie; detaillierte bibliografische Daten sind im Internet über http://dnb.dnb.de abrufbar.

Herstellung und Verlag: BoD Books on Demand GmbH, Norderstedt
ISBN: 9783744885652

Inhaltsverzeichnis

Aufbruch in ein fremdes Land

Ein Traum wird wahr: Der Flug nach Johannesburg

Sentimentalität, Rührseligkeit oder Gefühlsduselei waren ihre Sache nicht, dennoch erlitt meine Mutter an jenem Februartag im Jahre 1971 einen regelrechten Zusammenbruch. Während des gesamten Morgens meines Abreisetages hatte sie schmerzerfüllt und in Tränen aufgelöst in der Couchecke gesessen, unfähig irgendetwas zu tun. Sie trauerte, als sei es ein Abschied für immer. Die sonst so realistische und bodenständige Frau war so hinfällig, dass sie nicht in der Lage war, mich zum Flughafen zu begleiten. Mein Bruder verlud mich und mein schweres Gepäck in sein Auto und brachte mich zum Düsseldorfer Flughafen. Begleitet wurde er von seinem 13jährigen Sohn, der, als ich ihn nach einiger Zeit wieder sah, zu einem jungen Mann herangewachsen war. Für mich war der Abschied von meiner Mutter kurz und schmerzlos. Wir hatten kein besonders harmonisches Verhältnis, oft hatte es zu Hause Spannungen und Diskussionen gegeben. Ich wollte mein Leben ständig anders gestalten, als meine Mutter es für mich vorgesehen hatte. Nun war die Zeit des Aufbruchs für mich gekommen, ich musste los, nichts und niemand konnte mich mehr aufhalten.

Eine Gruppe von Freunden überraschte mich am Düsseldorfer Flughafen, die Stimmung gedrückt, als zöge ich in den Krieg, und niemand würde den Anderen je wiedersehen. Die Freunde verabschiedeten sich herzlich von mir, schworen mir ewige Treue, planten sogar Gedenktreffen für mich abzuhalten und versprachen mir Informationsbriefe aus der Heimat. Am Anfang trudelten tatsächlich einige spärliche Briefe von ihnen ein, doch sehr rasch hatte jeder mit sich selbst genug zu tun. Von den „Freunden", die mich an jenem Februartag zum Flughafen begleitet hatten, sah ich später niemanden wieder, alle schienen sich im Wind zerstreut zu haben. Als die Maschine am frühen Nachmittag in Düsseldorf abhob und mich in Frankfurt ablud, war ich zum ersten Mal in meinem Leben auf mich selbst gestellt. Ich fühlte mich bereit für die Dinge, die in einer neuen Welt auf mich warteten.

Das Flugzeug der Lufthansa schien meist mit hellhäutigen Geschäftsleuten besetzt zu sein. Pünktlich um 20 Uhr hob die LH-Maschine in Frankfurt ab. Der Nachtflug war angenehm und ohne nennenswerte Erschütterungen. Vom Stewart ließ ich mir einen Martini servieren und ich fühlte mich privilegiert, da ich im hinteren Bereich des Flugzeugs saß und keinen Fluggast neben mir hatte, was ich sehr schätzte. Es war angenehm, in meinen Gedankengängen nicht von einem neugierigen Sitznachbarn gestört zu werden. Der Geographie-Unterricht aus meiner Schulzeit kam mir in den Sinn. Als wir das Kap der Guten Hoffnung durchnahmen, hatte ich davon geträumt, den südlichsten Zipfel Afrikas selbst einmal sehen zu können, hatte jedoch sogleich diese unerreichbare Vorstellung verdrängt. Nun schien dieser Traum Wirklichkeit zu werden.

Aufgewachsen in einer zerstörten, tristen und grauen Nachkriegs-Umgebung hatte ich vage Träume von einem ganz anderen Leben. Permanenter Geldmangel war in meiner Jugend ein ständiges Thema. Strümpfe, Pullover oder Jacken wurden aus einer billigen, kratzigen Wolle selbst gestrickt. Kleidungstücke, aus denen größere Kinder aus dem Bekanntenkreis herausgewachsen waren, wurden gedreht, gewendet, geflickt und neu zugeschnitten, sie musste man tragen, ob sie einem gefielen oder nicht. Zu große Schuhe, aus denen der Vorgänger herausgewachsen war, wurden mit Zeitungspapier-Einlagen in die richtige Passform gebracht. Die warmen Mahlzeiten bestanden meist aus Eintöpfen.

Als mein Vater kurz nach meinem 18. Geburtstag starb, wurde die Situation nicht besser, denn das Zusammenleben mit meiner Mutter wurde immer komplizierter. Da man erst mit 21 Jahren volljährig wurde, blieb mir keine andere Wahl, als mich notgedrungen zu Hause unterzuordnen.

Nach meiner Volljährigkeit dachte ich daran, nach Israel zu gehen. Waren wir jungen Leute aus Deutschland nicht dazu verpflichtet, nach dem Holocaust den neuen Staat Israel mit aufzubauen? Diese Anregung an meine Freunde und Bekannte stieß auf Unverständnis, Israel war in ihren Zukunftsvorstellungen nicht vorgesehen. Alleine traute ich mich nicht so recht, da mir Hebräisch in Wort und Schrift recht kompliziert vorkam.

Als ich in der nahe gelegenen Großstadt eine Arbeitsstelle bei einer japanischen Firma fand, hatte ich das Gefühl, an der großen weiten Welt wenigstens zu schnuppern, denn mein Gehalt kam aus Japan und wurde auf die „Bank of Tokio" überwiesen. Die fernöstliche Welt versetzte mich in Erstaunen. Die zurückhaltende Höflichkeit der Japaner gefiel mir sehr. Gerne lauschte ich der fremden Sprache und sah manchmal beim Schreiben der japanischen Schriftzeichen zu. Ich lernte nebenher typische japanische Restaurants kennen, mit Stäbchen zu essen und Sake zu trinken.

Mir fiel die Zeit in Hamburg ein, wo ich es nur zwei Jahre ausgehalten hatte. Vielleicht haben mich die internationalen Schiffe beeinflusst, die jeden Tag in den Hafen einfuhren? Vielleicht hatte mich der junge Mann aus Johannesburg beeindruckt, den ich zufällig kennenlernte, als er seine Familie in Hamburg besuchte? Nach ausgiebigen Gesprächen und Erkundigungen, machte ich mich mit dem Gedanken vertraut, selbst nach Südafrika auszuwandern. Zunächst meldete ich mich beim Konsulat in Hamburg, wo ich mehrmals kritisch befragt wurde, Anträge ausfüllen, ein polizeiliches Führungszeugnis vorweisen und auf Tropenkrankheiten geimpft werden musste. Vor allem aber musste ich vor meiner Abreise eine Arbeitsstelle im Land nachweisen. Zu diesem Zweck gab es ein deutsch-südafrikanisches Vermittlungsbüro, Transa genannt, das sich um die Einreise von deutschen Immigranten kümmerte und bereits im Vorfeld bei der Jobsuche behilflich war. Da mich diese Vermittlungsagentur auf Grund meines Lebenslaufs und der Zeugnisse in ihrem Büro anstellen wollte, ging die Bearbeitung der Papiere recht zügig voran. Im September 1970 hatte ich die ersten Gespräche im Südafrikanischen Konsulat geführt und bereits im Dezember erhielt ich Bescheid, mich für meinen Abflug Anfang 1971 bereitzuhalten. Der mich untersuchende Arzt vom Tropeninstitut bescheinigte mir volle Gesundheit und gab damit grünes Licht für die Auswanderung nach Südafrika.

Seit 1948 die Buren-Regierung im Amt war, bemühte sich der südafrikanische Staat darum, Europäer ins Land zu holen. Bereits in den fünfziger Jahren erarbeitete die Apartheids-Regierung ein spezielles Einwanderungsprogramm, das Europäern Anreize geben sollte, im südlichsten Winkel Afrikas ein neues Leben aufzubauen und eine neue Heimat zu finden. Es wurden nicht nur Industrie- und Handwerks-Fachkräfte gesucht, sondern Zuwanderer mit weißer Hautfarbe, die ein Gegengewicht zur mehrheitlich schwarzen Bevölkerung schaffen sollten. Viele Europäer, die die Nachkriegsjahre noch in schlechter Erinnerung hatten, oder die, ihrer Heimat überdrüssig, Neuland kennenlernen wollten, machten von diesem Angebot des Südafrikanischen Staates Gebrauch. Durch diese Regierungsanreize gelangten außer Deutschen, Schweizern und Österreichern auch Engländer, Schotten, Iren, Spanier und Franzosen nach Südafrika. Portugiesen, Griechen und Israelis waren bereits fester Bestandteil der Bevölkerung.

Die Südafrikanische Regierung zahlte den Einwanderern, so auch mir, den Hinflug. Die Dauer des Aufenthaltes war nicht vorgegeben, anders als in Australien, wo den Immigranten eine Mindestaufenthaltsdauer von zwei Jahren vorgeschrieben wurde. Mir war das Programm der Südafrikaner sympathischer. Ich konnte jeder Zeit wieder zurückkehren, wenn mir danach zumute war, denn das Geld für einen Rückflug hatte ich Zuhause hinterlegt.

Ich war 25 Jahre alt, als ich mutterseelenallein von Frankfurt nach Johannesburg in eine unbestimmte Zukunft flog. Während des Flugs fielen mir die diversen Abschiedsparties ein. Einige meiner Freunde zeigten sich entsetzt, dass ich mich ausgerechnet für ein Land entschieden hatte, das die Apartheid – also den Rassismus – schürte und pflegte.

Ich dagegen hoffte, in meinem kleinen privaten Umfeld etwas gegen den Rassismus ausrichten zu können. Mir kam sogar die verwegene Idee in den Sinn, mit Winnie Mandela im Untergrund gegen das Apartheidsregime zu kämpfen, was natürlich reine Utopie war, wie sich später herausstellen sollte.

Als wir am nächsten Morgen bei Sonnenaufgang in Nairobi zwischenlandeten, hatte ich nur wenig geschlafen und hatte meistens halb wach meinen Gedanken nachgehangen. Hellwach wurde ich, als sich plötzlich bei der Zwischenlandung ein riesiger Berg vor mir auftat. Die Sonnenstrahlen des neuen Morgens ergossen sich über den Schnee des gewaltigen Kilimandscharo. Ich war dermaßen überwältigt, dass ich sofort einen begeisterten Brief mit den frisch gewonnenen Eindrücken an meine Mutter begann, der erst beendet war, als wir den Flughafen von Johannesburg anflogen. Im Laufe der Zeit sollten viele enthusiastische Berichte folgen.

Erste Eindrücke: Sommer im Winter

In Johannesburg, umgangssprachlich Jo'burg abgekürzt, holte mich ein Transa-Mitarbeiter am „Jan Smuts"- Flughafen ab. Damals hatte ich den Eindruck, dass das Flughafengebäude einer Bretterbude glich, was wohl daran lag, dass sich der Flughafen gerade im Umbau befand. Mit mir waren noch einige andere junge deutsche Auswanderer angekommen, die ich erst jetzt bei der Ankunft kennenlernte. Als ersten Eindruck nahm ich den blauen Himmel, die Weite des Landes und das kristallklare, helle Licht wahr. Die Temperatur der frühen Morgenstunde (7 Uhr) in fast 2.000 Metern Höhe war von einer angenehmen Frische (auf Englisch „crisp"). Doch schon bald erwärmte die Sommersonne Land und Menschen. Ich empfand nach den langen Winterwochen in Europa Licht und Wärme als Wohltat. Auf einer schier endlosen Hochebene entdeckte ich goldgelbe Hügel, die wie kleine Pyramiden aussahen, die, wie ich später herausfand, Abraumhalden der Goldminen waren.

Vom Flughafen aus fuhr uns der schwarze Fahrer in einem VW-Bus nach Honeydew, wo wir von den Transa-Leuten herzlich empfangen wurden. Kleine Bungalows, nett und ordentlich hergerichtet, die neben dem Hauptgebäude standen, waren unser vorläufiges neues Zuhause, wenn wir nicht schon von vornherein anderweitig eine Bleibe gefunden hatten. Es gab Gemeinschaftsräume, in denen sich die Neuankömmlinge kennenlernen und mit bereits Ansässigen Erfahrungen austauschen konnten. Hier wurde auch gemeinsam gegessen.

Bereits am nächsten Tag fuhr uns der schwarze Fahrer des Kleinbusses ins Zentrum Johannesburgs, das damals bereits eine Großstadt war, und die wir mit der Zeit genauer kennenlernen sollten. Die Transa-Unterkunft diente mir zwei Wochen lang als Zuhause, bevor ich nach Melville umzog.

Im Aufenthaltsraum lernte ich Kongo-Müller kennen, dessen zwielichtiger Ruf als Kriegs-Schlächter schon lange vor meiner Reise nach Südafrika durch die deutsche Presse gegeistert war und zur politischen Folklore der sechziger Jahre gehörte. Er war 1964 dem Ruf Moise Tschombés gefolgt, um im Kongo den Aufstand gegen die Simbas niederzuschlagen. Zunächst diente er als Söldner, bereits kurze Zeit später hatte er die Befehlsgewalt über zwei Einheiten. Später gab er den DDR-Medien ein ausgiebiges Interview, das als Dokumentation mit dem Titel „Der lachende Mann" veröffentlicht wurde. Darin erzählt er von Folterungen, Exekutionen und Plünderungen, die wohl zu seinem Alltag im Kongo gehörten. Im Mai 1965 zog er sich in seine Wahlheimat Südafrika zurück. Mir persönlich sträubten sich bei diesem Menschen die Haare, aber nachdem ich bei der Transa ausgezogen war, hatte ich ihn bald vergessen.

Da Honeydew für mich zu weit außerhalb der Stadt lag und mir nur als Wildnis erschien, wollte ich nicht auf Dauer – wie verabredet – bei den Transa-Leuten arbeiten, sondern suchte mir eine Stelle im Zentrum Johannesburgs, was allerdings nicht einfach war. Das wenige Geld, das ich aus Deutschland mitgebracht hatte, legte ich bei der Barklays-Bank in der Commissioner Street an. Schon die Kontoeröffnung war ein Erlebnis. Bei der Bank wurde ich von einem älteren distinguierten Herrn so vorzüglich und respektvoll behandelt, als sei ich ein Großkunde. Das Bankgebäude selbst und auch die Räumlichkeiten stammten noch aus der Zeit der Jahrhundertwende. Alles im Innern erschien mir nobel und kultiviert, das Mobiliar bestand aus edlem, dunklem und glänzendem Holz. Im Bankraum wurde nur geflüstert. Selbst der Bankangestellte, der mich zur Kontoeröffnung diskret hinter die edle mit Messing beschlagene Holzabsperrung bat, erweckte den Anschein von Rang und Adel.

Die Stadt Johannesburg überraschte mich gleich von Anfang an, sie war blitzsauber und viel moderner als ich gedacht hatte. Mit ihrer quadratischen Aufteilung war Johannesburg eine zur Wirklichkeit gewordene Idee, die auf dem Reißbrett entstanden war, möglicherweise nach dem Vorbild New Yorks. Mittels eines Stadtplans konnte ich mich hier gut zurechtfinden. Selbst die Hochhäuser entsprachen dem amerikanischem Vorbild, denn auch hier lief man durch enge Straßenschluchten. In den Apartments, ob klein oder groß, fehlte es an nichts. Es gab einen Luxus, den ich Zuhause nicht kennengelernt hatte. Es gab geräumige Einbauschränke, Einbauküchen, ausladende, hübsch gekachelte Bäder und großzügig geschnittene Wohnzimmer. Von der Elektrizität bis hin zur Wasser- oder Telefonleitung war hier alles auf dem neuesten Stand.

Mit der Zeit fand ich heraus, dass ich auf Speisen und Delikatessen aus der Heimat nicht verzichten musste, allerdings war der Kauf dieser Dinge eine reine Geldfrage. Im Zentrum von Hillbrow gab es einen Schweizer Delikatessenladen, der einladende feine Wurstwaren und erlesene Käsesorten für seine Kunden bereithielt, und vor Weihnachten konnte man sich mit „Basler Leckerli" verwöhnen. Ein deutscher Feinkostladen stand den Schweizern in nichts nach, auch hier gab es Erlesenes im Sortiment, wie Stollen zu Weihnachten oder für den rustikaleren Geschmack Eisbein und Sauerkraut - und dass das ganze Jahr über. Auch in den Supermärkten fanden die Europäer alle Lebensmittel, die sie von zu Hause her kannten. Da lag zum Beispiel im Kühlfach die rohe Blätterteigmasse, die sich so leicht zu Gebäck verarbeiten ließ. Wenn deutsche Einwanderer nach Schattenmorellen im Glas lechzten, brauchten sie auf diesen Genuss in Johannesburg nicht zu verzichten. Der Import von Gütern aller Art schien zu florieren, denn Bedarf war durch die vielen europäischen Einwanderer vorhanden. Feine, für mich damals exotische südafrikanische Produkte wie z. B. frische Avocados, Papayas oder Shrimps lernte ich erst im Lauf der Zeit schätzen. Wenn bei mir Heimweh aufkam, holte ich mir aus dem Feinkostladen Altbekanntes und Vertrautes wie Schinkenwurst oder Gummibärchen, Lakritz oder Leberwurst. Alles kostete ein Vermögen und strapazierte merklich meinen Geldbeutel.

Erst später, als ich in Spanien lebte, wurde mir richtig klar, was Johannesburg alles zu bieten hatte. Zur Zeit Francos (Ende 1975) war es in Spanien mit den Dingen des täglichen Lebens aus Deutschland schlecht bestellt. An Schattenmorellen im Glas durfte man nicht einmal denken.

Einstieg ins Arbeitsleben, Kino und Unterhaltung

Bei meinem Besuch in einem englischen Arbeitsvermittlungsbüros kurz nach meiner Ankunft wäre ich schier als Fotomodell in der Werbebranche gelandet und das ging so vor sich: Meine Beraterin war eine ältere, elegant gekleidete Dame, die mich freundlich empfing. Sie war nicht mehr die Jüngste, musste aber einmal sehr hübsch gewesen sein. Wie eine richtige englische Lady saß sie schlank und rank und sehr aufrecht in einem eleganten braunen, hochgeschlossenen Kleid hinter ihrem großen Schreibtisch. Ein edles weißes Spitzen-Jabot fiel stufenweise und gefällig von ihrem schmalen Hals, bedeckte einen Großteil der Vorderseite ihres Kleides und ließ sie streng und aristokratisch wirken. Sie war eine ganz und gar Respekt einflößende Person. Ihr graumeliertes Haar ließ eine hohe Stirn erkennen, war jedoch nicht straff nach hinten gekämmt. Eine weiche Haarwelle umrahmte ihr schlankes Gesicht mit den kleinen Fältchen um Mund und Augen. Diese Lady vom Arbeitsamt beäugte mich lange Zeit schweigend und kritisch, so dass ich immer tiefer in den Sessel vor ihrem Schreibtisch versank und mein Selbstbewußtsein schrumpfte. Nach einer grausam langen Weile meinte mein Gegenüber: „You have wonderfull teeth". Über diese überraschende Feststellung war ich völlig verblüfft. Ich hatte nach ihrem langen prüfenden Blick eher Kritik erwartet, nur das nicht. Sie war der Meinung, dass ich eigentlich als Modell in der Werbung mein Geld verdienen könnte, aber in jenen Tagen war in Südafrika die Zeit der Werbung noch nicht richtig angekommen und Fernsehen gab es damals auch noch nicht. So konnte die vornehme Dame von der Arbeitsvermittlung mir nur einen Job verschaffen, der nichts mit Luxus oder Werbung zu tun hatte.

Als Ergebnis dieses Treffens arbeitete ich anfangs in der Buchhaltung einer Filmverleihgesellschaft, was zwar nach Hollywood und Traumjob klingt aber völlig unspektakulär war. Die Firma Kinekor erhielt die Filmkopien der amerikanischen Filmindustrie und auch Streifen aus England. Diese Filme wurden an alle Orte des Landes bis hin nach Mosambik ausgeliehen und nicht nur in die Hauptstädte wie Lorenco Marques, nach Salisbury oder Bulawayo in Rhodesien. Selbst das Königreich Swaziland oder die Homelands der schwarzen Bevölkerung wie die Transkei und Lesotho wurden von uns mit Filmkopien versorgt. Abgerechnet wurde nach der Dauer der Laufzeit der Streifen in den einzelnen Kinos. Ich kannte bald alle Namen der Orte in Südafrika, die ein Kino besaßen – und vor allem alle Filmtitel und alle Filmgesellschaften wie Metro Goldwyn Meier, Warner Brothers, Columbia Pictures, Paramount Pictures, United Artists und Universal, mit denen regelmäßig abgerechnet wurde.

Ich saß in einem Großraumbüro mit etwa zwanzig bis fünfundzwanzig Frauen. Aber während der Dauer meines Arbeitsverhältnisses kam kaum ein Kontakt, geschweige denn eine Freundschaft mit meinen südafrikanischen Kolleginnen zustande. Eine Kollegin ließ es sich nicht nehmen, mir zu sagen, dass ich als Ausländerin den Einheimischen den Arbeitsplatz wegnähme, andere beäugten mich kritisch und misstrauisch. Mir machte die abweisende Haltung meiner Kolleginnen nichts aus, ich wollte nur meinen Job so gut wie möglich machen und hielt mich zurück. Mrs. Markus, eine Jüdin, die Deutschland während der Nazizeit hatte verlassen müssen, hingegen fand immer ein paar freundliche Worte. Auch mit Erika aus Frankfurt verstand ich mich gut. Dann war da noch Inge, die Sekretärin unseres Abteilungsleiters, eine Deutsche, die mit einem Südafrikaner verheiratet war. Inge durfte als einzige Frau in der Firma lange Hosen tragen. Sie war als Kind an Kinderlähmung erkrankt und hatte dadurch ein etwas verkürztes und dünnes Bein. Alle anderen Frauen in der gesamten Firma waren dazu verdammt, ausschließlich Röcke zu tragen. Zu meiner Verwunderung hielten sie sich alle an diese strikte Regel.

Da Fernsehen im fernen Südafrika noch vollkommen unbekannt war, fanden die Kinovorstellungen in den siebziger Jahren großen Zuspruch. Ein Kinoabend war ein regelrechtes „Highlight" im Alltag, da es ansonsten nicht viel Zerstreuung gab. Zum Kinobesuch kleidete man sich so elegant, als ginge man zum Opernball. Frauen erschienen in langen Roben, Männer im dunklen Anzug mit Krawatte. Und so standen die pompös herausgeputzten Menschen diszipliniert und geduldig in langen Warteschlangen vor den Kinokassen. Das galt aber nur für die weiße Bevölkerung.

In Johannesburg gab es auch ein „Drive-in-Kino", was ich aus Deutschland gar nicht kannte. Ein riesiges Gelände außerhalb der Stadt bot genügend Stellplätze für die Auto-Kino-Besucher. Durch die Windschutzscheibe blickte man auf eine riesige Leinwand. In jedes Autofenster wurde ein Lautsprecher eingehängt, dann konnte es losgehen. Wer Essen und Trinken dabei hatte, konnte nebenher ein Picknick veranstalten. Zum Schmusen waren diese „Drive-ins" ebenfalls gut geeignet. Wer eine gute Sicht auf den Film ergattern wollte, musste schon früh seinen Stellplatz einnehmen, ganz wie im richtigen Kino.

Natürlich war auch für Immigranten der Kinobesuch etwas Besonderes. Ich erinnere mich, dass Kinosäle für den Film „Love Story" über viele Monate lang total ausgebucht waren. Alle schwärmten von diesem überaus populären Streifen. Eines Tages ließ ich mich überreden und ging mit einer Gruppe junger Leuten in diese vor Gefühlen triefende Vorstellung. Gegen Ende des Films war der Saal erfüllt von Geschluchze und Schnäuzen. Mich hatte die Geschichte kaum berührt. Auch mein späterer Ehemann, den ich in Johannesburg kennengelernt hatte und der mit uns im Kino war, hat über so viel Gefühlsduselei nur den Kopf geschüttelt.

Nach unserer Hochzeit gehörte der regelmäßige Kinoabend zur wöchentlichen Eheroutine, auch als ich schwanger war. Obwohl gegen Ende der Schwangerschaft die Stunden im engen Kinosessel zur Qual wurden, behielten wir diesen Ritus bis zum bitteren Ende bei. Bereits zwei Wochen vor dem errechneten Geburtstermin nahmen wir für den Fall einer Sturzgeburt immer eine gepackte Reisetasche für die Klinik mit. Am 15. Mai 1973 hatten wir uns den Film „Harold and Maud" angesehen, der uns total begeisterte. Mein Gynäkologe, bei dem ich abends nach der Vorstellung noch einen Termin hatte, wies mich sofort in die Entbindungsklinik ein. „Harold and Maud" hatten mir wohl auf die Fruchtblase geschlagen. Am nächsten Tag erblickte unsere Tochter das Licht der Welt.

Außer dem Kino gab es einmal im Jahr ein ganz besonderes Erlebnis, das sich auch die Europäer nicht entgehen ließen. Immer im März fand das Formel 1 Spektakel auf der Rennstrecke von Kyalami statt, das immer gut besucht war. Die Eröffnung der Grand Prix Piste hatte 1961 stattgefunden. Als ich in Südafrika war, waren die Sieger dieser Rennen 1971 Mario Andretti, 1972 Denis Hulme, 1973 Jackie Stuart, 1974 Carlos Reutemann, 1975 Jody Scheckter. Als Besucher konnte man sich ungehindert zwischen den Rennfahrern bewegen und den einen oder andern Schnappschuss der Piloten machen. Wenn man Glück hatte, bekam man Emerson Fittipaldi, Clay Regazzoni, Nelson Piqué, James Hunt, Niki Lauda oder Graham Hill vor die Linse. Einmal waren wir an einem Märzwochenende bei Freunden eingeladen, die in der Nähe der Rennstrecke lebten. Man hörte dort das Aufheulen der Motoren ganz deutlich. In den achtziger Jahren wurden die Rennen wegen Lärmbelästigung eingestellt, weil in dieser Zone zahlreiche Villen entstanden waren.

Einmal im Monat fanden in Johannesburg ein „Hot Rod-Rennen" statt. Da drehten alte Autos auf der Rennstrecke auf Vollgas auf, kollidierten und überschlugen sich. Autoteile lösten sich und alles endete im Chaos. Angeblich kamen die – wie mir schien – lebensmüden Fahrer nur mit Schrammen und blauen Flecken davon. Seit sich einmal ein Autorad vom Fahrzeug löste und einen Besucher traf, der dadurch zu Tode kam, wurde auf mehr Sicherheit geachtet. Ich weiß nicht, ob die Rennen ebenfalls eingestellt wurden.

Büroalltag: Erste Eindrücke

Die Büroangestellten bei Kinekor waren alle hellhäutig. Nur die Laufburschen und Handlanger, die die Ablage besorgten, waren dunkler Hautfarbe. Für die Benutzung der Aufzüge in Büro-Gebäuden galt strikte Rassentrennung. Zwei Fahrstühle, die sich gleich rechts am Eingang befanden, waren mit dem Hinweis versehen „Nur für Weiße", ein anderer in der linken hinteren Ecke trug den Hinweis „Nur für Schwarze". Alle Liftbenutzer hielten sich an diese Anweisung. Während der Aufzug für Weiße vor Chrom blitzte, edel verkleidet und mit Spiegelwänden versehen war, mussten die Schwarzen mit einer einfachen Metall-Plattform, die fürchterlich schaukelte und knarzte, Vorlieb nehmen. Wenn ich in dem mehrstöckigen Haus etwas zu erledigen hatte, gesellte ich mich manchmal aus Solidarität zu den farbigen Kollegen auf die ruckelnde Ladefläche. Es gab niemals Grund für Angst oder Unbehagen für mich. Aber meine schwarzen Fahrstuhlgenossen schauten mich immer irritiert

und verständnislos an. Jemand wie ich war ihnen nicht geheuer. Ihnen saß die ständige Angst denunziert oder bestraft zu werden, immerwährend im Nacken.

Von der Dachterrasse des Kinekor-Hauses hatte ich einen guten Überblick über den Baufortschritt des entstehenden Carlton-Centers. Das Carlton Hotel sollte in den siebziger Jahren das höchste Gebäude Südafrikas, wenn nicht Afrikas, werden und das luxuriöseste noch dazu. Nach der Fertigstellung war dem Hotel eine elegante Shoppingmeile mit exklusiven Luxus-Geschäften, Bars und internationalen Restaurants angeschlossen. Als Clou erwies sich die Eislaufbahn, die inmitten der geschäftigen

Einkaufswelt angelegt war und die zu meiner Zeit von Schlittschuhläufern gut besucht wurde.

Mit dem Bau ging es rasant voran, die Bauarbeiter, allesamt schwarze Menschen, konnte man als Miniatur-Farbkleckse auf den hohen Gerüsten bei ihrer Arbeit zusehen. Was mich wunderte war, dass sie nicht besonders gut abgesichert waren. Immer wieder konnten wir in der Zeitung lesen, dass unerfahrene oder nicht schwindelfreie Arbeiter in die Tiefe gestürzt waren. Als das Gebäude fertiggestellt war, hatten viele Menschen dunkler Hautfarbe ihr Leben gelassen. Niemanden schien das zu stören. Ich bekam den Eindruck, dass die regierende weiße Klasse froh war um jeden Schwarzen, der von der Bildfläche verschwand, denn es gab mehr als genug von ihnen. Mir fiel auf, dass Unfälle Farbiger nie aufgeklärt wurden. Wenn ein Afrikaner bei einem Verkehrsunfall verblutete, weil man sich nicht rechtzeitig um den Verletzten kümmerte, hatte man – in den Augen der Regierung – ein Problem weniger. Die Bezeichnung „Kaffer" war für einen farbigen Menschen ein schreckliches Schimpfwort, aber ich beobachtete, dass viele Weiße, darunter oftmals auch Deutsche, es in ihren täglichen Sprachgebrauch aufgenommen hatten.

Mit der Zeit begann ich in der Firma doch mit manchen der jungen farbigen Angestellten ein Gespräch, auch wenn es sich nur um belanglose Dinge drehte. Persönliche Kontakte mit allen Menschen im Alltag waren mir damals wie heute immer wichtig. Einem dieser schwarzen Arbeitskollegen von Kinekor begegnete ich später zufällig an einem Wochenende auf neutralem Boden, nämlich einer Art heimlich stattfindender Volkskunst-Ausstellung, zu der jeder beitragen konnte. Zum ersten Mal erlebte ich, dass Schwarze an einer Ausstellung teilnahmen. Der ehemalige Kinekor-Kollege, den ich dort zufällig traf, als auch ich schon nicht mehr bei der Firma arbeitete, war hocherfreut mich zu sehen. Wir unterhielten uns angeregt, aber uns beiden war von Anfang an klar, dass wir uns niemals näher kennenlernen oder anfreunden konnten, denn es gab keinen Platz, wo wir uns hätten treffen können. Alle Lokale in der Stadt waren für Schwarze tabu. Nach einem langen angeregten Gespräch wussten wir beide genau, dass uns in Zukunft nur zufällige Treffen möglich sein würden. Als wir uns nach mehrmaliger Verabschiedung endlich trennten, kam mir der Blick meines Gesprächspartners sehr traurig vor. Ich versprach, bald wieder zu diesem Künstler-Treffen zu kommen. Bis sich dazu jedoch die Gelegenheit ergeben sollte, war diese heimliche Ausstellung für verschiedene Rassen verboten worden.

Ähnlich erging es mir mit einem indischen Arbeitskollegen bei einer anderen Firma, der in der Briefablage arbeitete. Diesen gut aussehenden und sehr netten Inder traf ich eines Tages zufällig auf der Straße. Erneut stand ich einem Menschen gegenüber, mit dem ich eigentlich keinen Kontakt haben durfte. Auf offener Straße sprachen wir angeregt miteinander, doch wieder gab es nirgendwo eine Möglichkeit, sich gemeinsam in der Öffentlichkeit hinzusetzen, um sich länger zu unterhalten. Wir verabschiedeten uns in der Hoffnung, dass der Zufall uns erneut zusammenführen würde, was nie geschah.

Unser „Tea-Boy" bei Kinekor hieß Arthur. Er war bereits ein älterer Herr, von kleiner und schmaler Statur. Er war sehr dunkelhäutig und indischer Abstammung. Seine tiefen Gesichtsfalten zeugten von einem bewegten, aber nicht besonders vorteilhaften Leben. Hinkend machte er mit seinem Servierwagen die Runde bei den Angestellten und schenkte morgens und nachmittags Tee aus. Er tat das höchst distinguiert, so wie die Inder dies einst von ihren Kolonialherren, den Engländern, gelernt hatten – oder besser – aufgezwungen bekommen hatten. Ich habe Arthur nie lachen sehen. Er sprach kein Wort, außer wenn er gefragt wurde. Er schlurfte, sein verletztes Bein hinter sich herziehend, den klappernden Teewagen vor sich herschiebend, zu jeder „Tea-time" stolz, fast aristokratisch die langen Gänge entlang.

Mein karges Gehalt wurde jeden Monat sofort bei jeder Auszahlung geschmälert, weil automatisch ein Teil für Geburtstagsgeschenke an die Kollegen abgezweigt wurde. Es war in unserem Büro Sitte, jede Kollegin an ihrem Geburtstag mit einem Gemeinschaftsgeschenk zu beglücken und einmal im Jahr kam man dann selbst an die Reihe. Von meinen Kolleginnen erhielt ich zu meinem Geburtstag den gewünschten silbrig glänzenden Fondue-Topf mit allem Zubehör, der schon nach kurzer Zeit immer öfter zum Einsatz kam. Es gab Monate, die durch mehrere Geburtstage tiefe Löcher ins Budget rissen, in anderen Monaten blieb man etwas verschont.

Jedes Jahr im Juli fanden in Durban über zwei Wochen Pferderennen statt, das „July Handicap". Ganz Südafrika befand sich dann im Wettfieber, so auch unser Büro. Die Tageszeitung druckte eine Sonderbeilage mit allen Rennen und den Namen aller Jockeys und Pferde, die an den Start gingen. Jeder hatte die Möglichkeit, auf seinen Favoriten zu setzen und ein Preisgeld zu gewinnen. Das klang sehr verlockend, und da unsere Büro-Damen von nichts anderem mehr sprachen und sich intensiv an den Wetten beteiligten, mochte auch ich mich nicht ausschließen. Da ich keinerlei Ahnung vom Pferdesport, geschweige von den berühmten südafrikanischen Jockeys hatte, setzte ich auf auffällige und wohlklingende Namen der Pferde und beschränkte mich auf einen kleinen Wetteinsatz. Einmal gewann ich sogar und konnte meinen geringen Einsatz verdreifachen.

Die Hartmanns und ihre Patent-Spiegeleierpfanne

Nachdem ich zwei Wochen als Übergangslösung in Honeydew bei den Transa-Leuten gewohnt hatte, vermittelte man mir eine Unterkunft bei der deutschen Familie Hartmann in Melville, einem Vorort Jo´burgs. Dort fühlte ich mich gut aufgehoben und fand den Wechsel passabel, vor allem, weil hier noch weitere junge Europäer zur Untermiete wohnten.

Das nicht mehr ganz junge Vermieterpaar hatte zwei Söhne von damals etwa zehn und dreizehn Jahren. Herr Hartmann, ein Deutscher, war Professor an der Witwatersrand Universität. Er war ein humorvoller, intelligenter, sympathischer und stattlicher Mann mit Schalk in den Augen. Er sah mit seinem Kinnbart Leo Trotzki nicht unähnlich, teilte aber nicht seine Gesinnung. Frau Hartmann dagegen war eine kleine quirlige Frau, aber etwas unscheinbar und, wie mir schien, verhärmt. Die gebürtige Österreicherin lebte schon seit vielen Jahren in Südafrika. Gerne erzählte sie uns Geschichten aus ihrer Jugendzeit in Salzburg. Ihre Freunde pflegten sie wegen ihrer zarten Statur und wegen ihrer Umtriebigkeit „Kolibri" zu nennen. Mit einem anmutigen und schön schillernden Kolibri hatte nach meiner Auffassung das fade Hausmütterchen keine Gemeinsamkeiten, sondern sie glich eher einer hin- und herflitzenden grauen Maus. Sie versprühte einen spröden Charme und hatte kein besonders einnehmendes Wesen. Manchmal fragte ich mich, wie ein stattlicher Mann wie Herr Hartmann an solch eine unscheinbare Frau hatte geraten können. Es war bestimmt meine jugendliche Unerfahrenheit, mit der ich Frau Hartmann, die im Alter noch Russisch lernte, damals unterschätzte.

Unsere Vermieter sprachen perfekt Afrikaans und gingen mit der südafrikanischen Politik konform. Sie erzählten uns, dass Südafrika ihre Heimat geworden sei, und sie das Land, sollte es je darauf ankommen, mit ihrem Leben verteidigen würden. Angeblich gab es Waffen im Haus, mit denen die Hartmanns ihren Grund und Boden gegen die Gewalt der schwarzen Übermacht verteidigen wollten. Das Ehepaar muss sich genauestens darüber im Klaren gewesen sein, dass sich die dunkelhäutigen Menschen eines Tages fürchterlich für langjährige Ungerechtigkeit und unmenschliche Behandlung des Apartheidssystems rächen könnten.

Im Haushalt half eine ältere Afrikanerin, die jeden Morgen aus Soweto (South-Western-Township) mühsam mit dem Zug und dann mit dem Bus nach Melville anreiste. Familie Hartmann behandelte diese Frau nach Kolonialherrenmanier. Sie durfte in der Küche nur essen, wenn sie den weißen Herrschaften den Rücken zukehrte. Sie aß entweder im Stehen oder sie ging hinaus in den Waschraum, wo sie am Boden auf einer Zeitung sitzend ihre mitgebrachte Mahlzeit verzehrte. Als Angestellte musste sie sich aus dem Raum entfernen, wenn die „Herrschaften" ihre Mahlzeiten einnahmen, Zusehen war nicht erlaubt. Beim Sprechen mussten die farbigen Angestellten auf den Boden schauen. Ein Gespräch auf Augenhöhe war nicht gestattet. Es gab genaue Richtlinien dafür, wie sich ein schwarzer Angestellter gegenüber dem Vorgesetzten, dem „Master" oder „Baas", zu verhalten hatte, die vor vielen Jahren im Afrika der Kolonialisten festgeschrieben worden waren.

Hartmanns Hausangestellte aus Soweto schien undankbar. Sie wollte sich nicht damit abfinden, ein Mensch zweiter Klasse zu sein, was immer wieder zu heftigen Diskussionen führte. Dann zog sie ihren letzten Trumpf aus dem Ärmel und rief, dass ihre Tochter, die Jura studierte, genau so intelligent sei wie hellhäutige Studenten. Alle Menschen des Landes hätten ein Anrecht auf einen Studienplatz und auf gleiche Behandlung. Über so viel Arroganz und Selbstüberschätzung konnten die Hartmanns nur verständnislos den Kopf schütteln. Der Gärtner, der nur stundenweise kam, diskutierte nicht, er tat schweigsam seine Gartenarbeit.

Die Miete bei den Hartmanns war günstig, viel hat das Ehepaar an uns nicht verdient. Ob sie uns jungen Leuten wohl einen günstigen Start in ein neues Leben im fremden Land ermöglichen wollten? Frau Hartmann hatte für mich das große Zimmer vorgesehen, das ich mit einer jungen Österreicherin teilen sollte. Zum Glück kamen wir gut miteinander aus.

Eines Morgens in aller Frühe weckte mich unsanftes Gerüttel begleitet von einem grollenden Geräusch. Ich bereitete mich darauf vor, dass Hektik im Haus ausbrechen würde und war bereit, sofort aus dem Bett zu springen, aber es blieb still. Meine Zimmergenossin schlief tief und fest und meinte später nur, ich hätte wohl einen Albtraum gehabt. Beim Frühstück mit den Hartmanns wurde dieses Erlebnis damit erklärt, dass es manchmal zu Einstürzen der ausgehöhlten Minen käme, was dann zu einer leichten erdbebenähnlichen Erschütterung führte. Ich wusste nicht, ob mich diese Erklärung für die Zukunft beruhigen würde. Könnte nicht unser ganzes Haus im Erdboden versinken?

Von der Minenstadt Witbank im „Oranje Frijstaad", der nur von Afrikaans sprechenden Einwohnern bewohnt ist, habe ich später viele Schauermärchen gehört. Dort waren angeblich ganze Häuser urplötzlich vom Erboden verschluckt worden. Als Paradebeispiel kursierte die Geschichte von einem Mann, der auf einem Hocker sitzend ein Tennis-Match verfolgte, und ebenfalls auf diese mysteriöse Art und Weise verschwand. Neben den hohlen Stollen der Minenanlagen, die nicht wieder mit Erde aufgefüllt wurden, gab es im trockenen Witbank noch ein ganz anderes Phänomen, nämlich Trocken-Treibsand (Dry Quick Sand), der

sich wie Wasser unter der Bodenoberfläche bewegt und manchmal ganze Gegenstände wie Autos verschwinden lässt.

Im Hartmann-Haus selbst wohnte außer mir noch ein weiterer Deutscher. Im Anbau und im Gartenhaus waren Engländer untergebracht, die sich selbst versorgten. Wir Untermieter aus dem Haupthaus erschienen jeden Morgen um 7 Uhr zum Frühstück, das uns Frau Hartmann höchstpersönlich zubereitete. Neben Toast und Marmelade wurden jeden Morgen pro Person zwei Frühstückseier in einer Spezialpfanne gebraten. Die kleine runde Bratpfanne, die aus zwei Hälften bestand, konnte zusammengeklappt werden, so kamen perfekte Spiegeleier zustande.

Jedes Mal waren wir von der üppigen frühen Mahlzeit begeistert. Ansonsten waren die Kochkünste unserer Vermieterin eher bescheiden. Glücklicherweise kamen wir selten in den Genuss ihres Könnens. Einmal die Woche bereitete Frau Hartmann für ihre beiden Schäferhunde spezielle Hundekost zu, dann waberten fürchterliche Gerüche durch das ganze Haus, aber wenn sie für ihre Familie kochte, roch es kaum besser.

Während wir dort wohnten, hatte Frau Hartmann Geburtstag und wir Untermieter fühlten uns verpflichtet, ihr ein Geschenk zu machen. Wir legten unser Geld zusammen für eine aufblasbare elektrische Trockenhaube und überraschten sie mit dieser modernen Errungenschaft. Frau Hartmann war so begeistert über unser grandioses Geschenk, dass sie sich genötigt fühlte, uns im Salon, der nur zu speziellen Gelegenheiten genutzt wurde und den wir deswegen noch nicht kannten, zu einem Abendessen einzuladen. Als „lukullische Köstlichkeiten" gab es belegte Brote mit unterschiedlichem Belag. Die verschiedenen Teller mit den Schnittchenhaufen sahen sehr farbenprächtig aus. Ich griff nach einem Sandwich, das mit gelbem

Rührei belegt schien. Es schmeckte nach gar nichts. Was immer es auch war, Frau Hartmann hatte vergessen, diesen Brotbelag zu würzen und die weiche, fade Masse glitt geschmeidig an den Zähnen vorbei. Relativ hungrig probierte ich noch ein paar der anderen bunten Schnitten. Später erfuhr ich, dass der gelbe Brei Hirn war, das Frau Hartmann zu ihrem Ehrentag auf die Brote gestrichen hatte. Noch im Nachhinein drehte sich mir der Magen um.

Frau Hartmann war sehr sparsam, oftmals reichte das warme Duschwasser nicht für alle Hausbewohner, was besonders im Winter sehr unangenehm war. Als ich ein einziges Mal einen schönen Braten in der Backröhre zubereiten wollte, zerschnitt sie ihn in kleine Stücke, damit er so schneller gar wurde. Eines Tages bastelte sie an einer Bettdecke für den Winter. Da es wohl an Daunen mangelte und sie für Vlies kein Geld ausgeben wollte, stopfte sie in die Hohlräume der gesteppten Quadrate als Füllmaterial alte getragene Nylonstrümpfe. Wir jungen Frauen wurden gebeten, Strümpfe oder Strumpfhosen mit Laufmaschen nicht wegzuwerfen, sondern sie ihr frisch gewaschen für ihre zukünftige Zudecke zu überlassen. Einen Großteil der Winterdecke hatte sie bereits fertiggestellt, aber so schnell konnten wir mit dem ersehnten Nachschub nicht dienen. Ich konnte mich des Gefühls nicht erwehren, dass es in dem Raum, wo die halb fertige Decke lag, nach Fußschweiß roch, war mir aber sicher, dass sie später einmal einen prima Kälteschutz abgeben würde.

An einem Samstagmorgen, die gesamte Familie Hartmann war morgens schon sehr früh aufgebrochen, fuhren auch meine beiden Zimmernachbarn und ich in die Stadt. Im deutschen Buch- und Plattenladen in Hillbrow erstanden wir eine gerade erschienene Langspielplatte von Janis Joplin. Die amerikanische Rock- und Blues-Sängerin war wenige Monate zuvor – im Oktober 1970 – an einer Überdosis Heroin gestorben und hatte der Nachwelt ihre letzte Aufnahmen auf dem „Pearl"-Album hinterlassen. Zuhause in Melville angekommen, suchten wir im Haus verzweifelt nach einem Plattenspieler. Da Hartmanns beim Verlassen des Hauses die Zimmertüren nicht abgeschlossen hatten, sie schienen uns zu vertrauen, wurden wir nach kurzer Suche im Salon fündig. Wir fanden eine Steckdose, stellten den Plattenspieler an, und Gertrude, Rolf und ich wurden nicht müde wie in Trance immer und immer wieder „Me and Bobby McGee" in voller Lautstärke zu hören. Es kam uns vor, als hätten wir alle eine Dosis Heroin von der Sängerin abbekommen. So bemerkten wir nicht, dass die ganze Familie Hartmann im Türrahmen stand, selbst die Kinder lugten neugierig an ihren Eltern vorbei. Erst als Herr Hartmann gegen die laute Musik anschrie: „Was ist denn hier los?", erwachten wir aus unserer Entrückung und erschraken gewaltig. Mit dieser frühen Rückkehr hatten wir nicht gerechnet. Außerdem war es uns peinlich, die privaten Räumlichkeiten der Vermieter unerlaubt betreten und nicht respektiert zu haben. Als diese jedoch sahen, dass keine große Party im Gange war und auch kein Alkohol floss, waren sie schnell versöhnt. Die Kultplatte von Janis Joplin besitze ich heute noch.

Als ich im März 1971 zu Familie Hartmann zog, die ein großes Haus mit Garten besaßen, dessen Eingang eine dickstämmige Dattelpalme zierte, weckten die ausladenden Palmwedel bei mir gleich Urlaubsstimmung. Neben dem Haus befand sich zwischen Gebüsch ein etwas mickriger, aber verlockender Swimmingpool. An Wochenenden legte ich mich gerne bei den sommerlichen März-Temperaturen in die Hollywood-Schaukel und las. Die Erfrischung im Pool kam mir, soeben dem deutschen Winter entkommen, geradezu luxuriös vor. Damals mit 48 Kilo noch schlank und rank, legte ich mich in meinem Bikini an den Pool und ließ mich von der südafrikanischen Sonne bescheinen. Doch schon nach kurzer Zeit eilte Frau Hartmann aufgeregt herbei, um sich über meinen Aufzug zu beschweren. Ich konnte ihr Problem nicht verstehen, denn auch die anderen Mitbewohner badeten oder lagen am Pool. Nach ihrer Ansicht könnte der schwarze Briefträger mich im Bikini sehen und dies sei nicht schicklich. Ich versuchte nachzuvollziehen, welche Verrenkungen der Briefträger machen müsste, um mich in dem Gestrüpp zu entdecken. Die Lust am Sonnenbaden war mir jedoch vergangen und ein Auskommen mit Frau Hartmann wurde immer schwieriger. Meine Zimmergenossin, die Österreicherin war und der deswegen die Vermieterin immer freundlich begegnete, zog noch vor mir aus dem Hartmann-Haus in Melville aus. Später erzählte sie mir, dass Herr Hartmann und auch die Söhne mich heimlich vom Salon aus am Swimmingpool beobachtet hatten.

Hillbrow und das pralle Leben

Nach wenigen Monaten fand auch ich eine neue Bleibe im Zentrum des umtriebigen und geschäftigen Hillbrow, wo sich das pralle Leben abspielte, und wo alle ledigen Europäer wohnten. Alleine konnte ich die Miete für ein Apartment in Hillbrow nicht aufbringen. Eine Schweizerin war bereit, sich ein „Flat" mit mir zu teilen. In der Kapteijn Street, nahe der pulsierenden Geschäftsmeile der Kotze Street, fanden wir in einem gerade bezugsfertigen und komplett eingerichteten Neubau unser neues Zuhause. Hier gab es eine kleine voll eingerichtete Küche. Ein großes Wohnzimmer war mit netten Möbeln ausgestattet. Im Wohnzimmerschrank befand sich sogar ein eingebautes Radio. Vom geräumigen Schlafzimmer mit Einbauschrank war das Bad zu begehen. Diese Räumlichkeiten reichten für uns zwei Frauen völlig aus. Eines der Betten räumten wir ins Wohnzimmer, so dass jede von uns einen privaten Schlafbereich hatte. Es gab während des Zusammenlebens keine größeren Schwierigkeiten. Tagsüber hatten wir unseren Job, abends oder an den Wochenenden unternahmen wir manchmal etwas gemeinsam, oftmals trennten sich unsere Wege. Für mich war es schmerzlich, dass die Miete die Hälfte meines Gehaltes verschlang. Ursprünglich wollte die Schweizerin eine leere Wohnung mieten, für die die Miete zwar geringer gewesen wäre, aber die Möbel hätten noch angeschafft werden müssen. Ich hingegen wollte mich nicht mit Mobiliar belasten, mit dem ich immer hätte umziehen müssen. Um die Sicherheit im neuen Haus war es gut bestellt. Jeder Fremde, der das Haus betrat, musste sich an der Rezeption anmelden. Erst nach einem Anruf bei dem jeweiligen Bewohner der Wohnung erhielt der Besucher die Genehmigung, den Lift zu betreten.

Als die Schweizerin und ich uns anfänglich die verschiedenen freien Apartments im Neubau ansahen, wurden wir gefragt, ob wir auf der Süd- oder der Nordseite wohnen wollten. Unsere Antwort kam wie aus einem Munde: „Südseite". Das war ein Fehler. Zu spät bemerkten wir, dass wir uns selbst ausgetrickst hatten. Wenn man die Sonne sehen will, muss man sich auf der südlichen Halbkugel nach Norden hin, also zum Äquator, orientieren. So wohnten wir über ein Jahr lang auf der dritten Etage des Gebäudes und bekamen nur wenig Sonne ab. Gerade in den Wintermonaten hätten uns sonnendurchflutete Wohnräume sehr gutgetan. Zum Glück konnte man auf der Dachterrasse, wo sich auch ein Swimmingpool befand, sonnenbaden. Hier lernte ich meine Freundin Karin kennen, die deutsche, schweizerische und brasilianische Wurzeln hatte. Sie wohnte auf dem fünften Stockwerk, klugerweise auf der Sonnenseite. Als Brasilianerin war sie mit der Sonnenstands-Weisheit vertraut. Mit ihr verbindet mich bis heute eine enge Freundschaft.

Das Klima in Johannesburg konnte im Winter recht frostig werden, da diese Stadt auf einem knapp 2000 Meter hohen Hochplateau liegt. Hier gibt es nur zwei Jahreszeiten, die Regen- und die Trockenzeit. Der Winter in dieser Region beginnt im Mai und damit die Trockenzeit, bis Oktober regnet es überhaupt nicht. Ich empfand es immer als sehr unangenehm, wenn die Körperhaut in dieser Zeit extrem austrocknete. Die Innenflächen der Hände glichen feinem Schmirgelpapier und waren mit keiner Handcreme zu glätten. Manches Mal muss am frühen Morgen Eis von der Windschutzscheibe des Autos gekratzt werden. Trotzdem liegen die Tagesdurchschnittstemperaturen immer bei angenehmen 20 Grad. Sobald die Sonne untergeht, wird es empfindlich kalt, was schon ab drei oder vier

Uhr nachmittags der Fall sein kann. Wie mir ein Freund mitteilte, sind die Winter in Johannesburg und Umgebung heutzutage nicht mehr so streng wie vor 45 Jahren, auch in Südafrika macht sich die Klimaveränderung bemerkbar.

Ab Oktober beginnt in Südafrika der Frühling. Noch bevor der erste Regen fällt, die Erde noch braun und die Natur ausgetrocknet ist, blüht bereits im September das „Blaue Wunder" der Jacaranda-Bäume. Besonders berühmt für diesen blauen Traum ist die Regierungs- und Verwaltungsstadt Pretoria. Gleich in den Anfängen der Besiedlung Pretorias haben Stadtplaner die Jacaranda-Bäume oder ihre Samen aus Brasilien importieren lassen. Die Bäume wurden zu beiden Seiten der breiten Gehwege gepflanzt, so dass die Fußgänger in der Blütezeit wie unter einem blauen Baldachin und auf einem zartblauen Blütenteppich einherschreiten können.

Im Oktober setzt normalerweise die lang ersehnte Regenzeit ein, dann schüttet es jeden Nachmittag unwetterartig, so dass auch ein Regenschirm nicht viel Nutzen bringt. Die wolkenbruchartigen Schauer begleiteten mich täglich, wenn ich um fünf Uhr am Nachmittag das Büro verließ und meinen etwa zwanzigminütigen Heimweg antrat. Wenn ich morgens bei herrlich klarem Sonnenwetter das Haus verließ, konnte ich mir nie vorstellen, dass es gegen Abend wieder regnen würde und so blieb das gute Stück, der Knirps, meist ungebraucht in der Wohnung liegen. In der Regenzeit blühen alle möglichen exotischen Pflanzen wie z. B. die Bougainvilleae, der Hibiskus oder Strelizien, die ich aus der Heimat gar nicht kannte. Bäume wie die Schirmakazien ließen ihre hellrote Blütenpracht leuchten. Die Nationalblume Südafrikas ist die Protea, die besonders in der Kapgegend wächst.

Von November bis April, speziell um die Weihnachtszeit, wird es auch in 1900 Metern Höhe angenehm sommerlich warm. In Städten, die am Meer liegen, wie Durban oder Kapstadt, sieht es hingegen mit dem Klima ganz anders aus. Da in Durban subtropische Temperaturen herrschen, kann das Thermometer im Sommer auf unerträgliche 38 bis 40 Grad steigen. Bei feuchten 10 bis 11 Grad Celsius wird es im Winter am Indischen Ozean ungemütlich kalt, so dass die Bewohner Natals oftmals ihre Kamine befeuern.

Während ich vom Hartmann-Haus in Melville jeden Morgen den Bus in die Innenstadt genommen hatte, konnte ich von Hillbrow aus zu Fuß zur Arbeit gehen. Allerdings führte mich jetzt mein Weg nicht mehr an der verführerischen Bäckerei de Vries in der Commissioner Street vorbei, wo ich mir nach dem üppigen Frühstück bei Hartmanns noch ein kleines Hefeweißbrötchen mit Rosinen gönnte, das meine österreichische Mitbewohnerin „Bunkel" nannte, bevor um zehn Uhr im Büro die allgemeine Frühstückspause eingeläutet wurde.

An der Bushaltestelle in Melville standen die Menschen in der „rush hour" sehr diszipliniert Schlange und bestiegen ohne zu drängeln den Bus, ein modernes und sauberes Verkehrsmittel. Hier standen nur Weiße in der Warte-Schlange. Damit keine Irrtümer aufkamen, stand auf der Vorderseite unseres Busses in großen Lettern „Nur für Weiße". Es fuhren all diejenigen mit dem Bus, die in der Innenstadt arbeiteten oder dort etwas zu erledigen hatten. Es waren Menschen der Mittelklasse, Büro- oder Bankangestellte oder Hausfrauen. Viele ältere Frauen griffen während der relativ kurzen Fahrt zu ihrer Strickarbeit, um keine Minute ungenutzt verstreichen zu lassen. Ich spürte die mich streng prüfenden Blicke griesgrämiger Hausfrauen, die über ihr Strickzeug hinweg meine Rocklänge und die Absatzhöhe meiner Schuhe taxierten. Ihren Blicken nach zu urteilen, hat ihnen nichts an mir behagt.

Die Leute der Oberklasse benutzten ihr eigenes Fahrzeug, um in ihre Betriebe zu gelangen. Die einfachen Arbeiter und Hausangestellte kamen jeden Morgen mit dem Zug aus Soweto angereist. Vor dem Bahnhof wurden die farbigen Menschen auf alte, übervolle Busse oder auf die Ladeflächen klappriger, rostiger Lastwagen verladen, die sie in die verschiedenen Stadtteile beförderten. Diese Transportmittel zierte unmissverständlich die Aufschrift „Nur für Schwarze". Die Schwarzen, die sich jeden Tag auf den langen Weg zur Arbeit machten, arbeiteten täglich viele Stunden für reiche Leute für einen Hungerlohn. Am späten Nachmittag kehrten sie unter mühevollen Strapazen wieder in ihre einfachen und engen Behausungen der Townships zurück.

Nach Einbruch der Dunkelheit durfte sich kein Schwarzer mehr auf den Straßen der Innenstadt aufhalten. Um dies zu gewährleisten wurden jeden Abend von der weißen Buren-Polizei Razzien durchgeführt. Wenn Leute entdeckt wurden, die längst nicht mehr in der Stadt hätten sein dürfen, bekamen sie die Polizei-Knüppel zu spüren und wurden in die Grüne Minna geworfen und eingesperrt. Ich selbst habe in Hillbrow dieses Vorgehen einige Male miterlebt. Jeder Afrikaner über 16 Jahre, der sich im Stadtgebiet aufhielt, hatte stets ein sogenanntes Passbuch bei sich zu tragen. Dies war nur gültig, wenn der Arbeitgeber des Afrikaners allmonatlich bescheinigte, dass der Passinhaber bei ihm beschäftigt ist. Ohne Passbuch auf der Straße angetroffen zu werden, war ein kriminelles Vergehen und wurde mit einer Geldstrafe oder sogar mit Haft belegt.

Die farbigen Menschen, die länger an ihrem Arbeitsplatz zu tun hatten, weil sie in einem Restaurant in der Küche arbeiteten, suchten sich ein Versteck in einem Hinterhof, einer Dach- oder Wäschekammer oder sogar eine kleine permanente Bleibe in der Stadt, und verschwanden aus dem Blickfeld, wenn die Polizei um 21 Uhr Kontrollfahrten machte.

Soweto-Bewohner waren meist Hausangestellte, Putzfrauen, Gärtner, Boten oder Handlanger. Die Menschen aus den Townships hatten gar keine Möglichkeit, aus ihren einfachen Jobs heraus zu kommen, denn eine ordentliche Ausbildung war ihnen kaum möglich. Ich konnte mich damals des Gefühls nicht erwehren, dass die Regierung nicht daran interessiert war, den Ureinwohnern Afrikas eine Schulbildung zu ermöglichen. So verstanden sie ihre Rechte nicht, setzten sich nicht zur Wehr und ertrugen die Apartheid wie eine angeborene Krankheit oder einen Klumpfuß. Tatsächlich wurde das Bildungsniveau für schwarzer Kinder ganz bewußt niedrig gehalten. Während weiße Kinder die Schulen kostenlos besuchen konnten, zahlten die Afrikaner eine für sie hohe Gebühr und die zusätzlichen Kosten für Bücher und Schuluniform.

Mich faszinierte die schwarze Menschenmenge, die an jedem späten Nachmittag nach getaner Arbeit zum Bahnhof strömte. Es herrschte ein Gewirr aus Sprachen, Farben und unterschiedlich dunklen Hauttönen. Eigentlich lag der Bahnhof nicht direkt auf meinem Heimweg. Ich entdeckte ihn, als ich im Gesundheitsamt, das gleich gegenüber vom Bahnhof lag, eine Impfung auffrischen ließ, mit der ich in Deutschland begonnen hatte. Von da an mischte ich mich ganz gerne unter das arbeitende Volk aus Soweto und machte dort meine Beobachtungen. Viele der Soweto-Bewohner trugen im Winter schwarze „Balaklavas". Das waren Strickmützen, die über das ganze Gesicht gezogen wurden mit Sehschlitzen, die bei den eisigen Temperaturen am Morgen oder am Abend gute Dienste leisteten. Im Gewühl der hastenden Menschen konnte es schon mal passieren, dass Weißen, die sich in der Gegend aufhielten, die Handtasche gestohlen wurde. Ich selbst wurde manches Mal Zeuge solcher Begebenheiten und sah die Diebe rennen, die bald in der Menge auf dem Bahnhofsvorplatz verschwanden. Als ich zum ersten Mal, seit ich in Hillbrow wohnte, die Bahnhofsgegend aufsuchte und mich durch das Gewühl vorankämpfte, stellte ich später in meiner Wohnung fest, dass ich naiv und ahnungslos mit meinem gesamten Monatslohn unterwegs gewesen war. Hätte mir ein Dieb meine Tasche entwendet, hätte ich meine Miete nicht zahlen und für meinen Lebensunterhalt nicht aufkommen können. Zum Glück ist mir nichts passiert. In all den Jahren, in denen ich in Südafrika lebte, hatte ich nie ein negatives Erlebnis mit schwarzen Menschen.

In Hillbrow gab es internationale Kneipen wie Sand am Meer. Manche deutschen Auswanderer, die es nach dem Zweiten Weltkrieg nach Süd Afrika verschlagen hatte, betätigten sich im Restaurantbereich. Da gab es das „Alt Heidelberg" oder den „Deutschen Bierkeller" oder das äußerst betriebsame „Café Wien". Im „Alt Heidelberg" konnte man seinen Heißhunger auf bewährte deutsche Hausmannskost mit Sauerbraten oder Schweinshaxe mit Sauerkraut stillen. Im „Café Wien" gab es ein riesiges Angebot an Kuchen, Torten und Gebäck, das mit jeder österreichischen Feinkonditorei mithalten konnte. Außerdem gab es hier ein herrliches dunkles Brot und eine große Auswahl an kleinen schmackhaften Mahlzeiten. Das Café war jeden Tag voll ausgebucht, so dass man viel Geduld brauchte, um einen freien Platz zu ergattern. Hier saßen nicht nur Jugendliche aus aller Welt, sondern auch elegante, wohlfrisierte und mit Schmuck behangene ältere Damen, die sich nostalgisch an die Caféhäuser des alten Vorkriegs-Wien erinnerten. Später wurde das Café erweitert und erinnerte dann an ein Großraumbüro, trotz des Klavierspielers, der mit Caféhaus-Musik die Gäste unterhielt. Ein Platz war immer noch schwer zu ergattern.

Den „Deutschen Bierkeller" habe ich nie betreten, denn der hatte keinen guten Ruf. Regelmäßig trafen sich hier rechte Gesinnungsgenossen, die nicht nur am 20. April für Randale sorgten. Einmal gab es an „Führers Geburtstag" fürchterliche Ausschreitungen, als Afrikaans sprechende Polizisten zusammen mit betrunkenen Deutschen jüdische Nachbarn anpöbelten.

In Hillbrows Hauptstrasse, der Kotze Street, gab es einen von Griechen geführten Supermarkt, der rund um die Uhr geöffnet hatte. Ich hatte noch nie erlebt, dass man nachts einkaufen konnte. Jetzt konnte es passieren, dass jemand aus dem Freundeskreis nach einem abendlichen Kinobesuch oder einem Zug durch die Kneipen mitten in der Nacht beschloss, ein Spaghetti-Gericht zu kochen, dessen Zutaten man vorher rasch im Supermarkt erstand.

Meine Arbeitsstelle bei Kinekor, die „downtown" in der Commissioner Street lag, konnte ich in einem 20minütigen Fußmarsch gut erreichen. Ich ging immer geradeaus über die Claim Street den Berg hinunter, bog dann meistens in der Leyds Street oder manchmal auch in der Bok Street ab, um den Joubert Park zu durchqueren, wo ich die blühende Natur mit ihren exotischen Pflanzen genoss. Bereits Anfang Dezember wurde die Parkanlage mit festlicher Weihnachtsdekoration und einer lebensgroßen Krippe geschmückt. Danach lief ich auf der schnurgeraden Twist Street immer geradeaus und kreuzte die de Velliers Street, Plein Street, Bree Street, Jeppe, Kerk, Pritchard, President und Market Street bis ich auf die Commissioner Street gelangte, wo gleich neben dem Carlton Hotel das Kinekor-Gebäude lag.

Eines Morgens traf ich auf dem Weg zur Arbeit an einer Straßenecke den Chef unserer Abteilung, Mr. S., mit dem ich die restliche Wegstrecke gemeinsam zurücklegte. Wir unterhielten uns nur über Belanglosigkeiten und mir fehlte es auch an Selbstbewusstsein, einen lockeren, ungezwungenen Ton anzuschlagen. Diese Begegnungen fanden dann immer häufiger und immer an derselben Stelle statt. Nach einiger Zeit kam es nicht mehr zu diesen allmorgendlichen Treffen und ich vergaß sie.

Nach ungefähr einem Jahr wurde dieser Abteilungsleiter versetzt und man feierte eine Abschiedsparty. Alle Frauen meiner Abteilung waren von diesem stattlichen Mann hingerissen, der die Jungenhaftigkeit und das Aussehen des frühen JFK ausstrahlte, und sie bedauerten seine Versetzung. Als sich das Fest dem Ende zuneigte und alle das Büro verließen, betrat eine kleine Gruppe von Kollegen den Aufzug, der Richtung Erdgeschoß unterwegs war. Als alle Kollegen ausgestiegen waren, war ich mit dem großen starken Saubermann plötzlich alleine, der die Zeit zwischen der dritten Etage und dem Untergeschoß sofort ausnutzte, um mich zu bedrängen. Er umklammerte mich und versuchte, mir seine feuchten Lippen aufs Gesicht zu drücken. Erschrocken versuchte ich, ihn von mir wegzustoßen, aber gegen die rohe Gewalt kam ich nicht an. Die Sekunden, bis der Aufzug sein Ziel erreicht hatte und sich die Türen öffneten, dauerten eine Ewigkeit. Beide eilten wir aus der Eingangtür, jeder in eine andere Richtung, als wäre nichts geschehen.

Etwa ähnliches passierte mir noch einmal und zwar an dem Tag, als ich die Firma endgültig verließ. Ich wollte mich vom Nachfolger des Mr. S. verabschieden, der wie ich gehört hatte, verheiratet war und dessen Frau das vierte Kind erwartete. Nichts Böses ahnend klopfte ich an seiner Bürotür und trat ein. Mein Chef saß hinter seinem Schreibtisch, verzehrte gerade eines seiner belegten Brote und winkte mich in den Raum hinein. Ich reichte ihm meine Hand, um mich von ihm zu verabschieden. Da stand er auf, drückte mich gegen die Eingangstür. Voller Entsetzen sah ich die Lüsternheit in seinen Augen und ehe ich mich versah, spürte ich die zerkauten Brotkrümel und Wurstteile in meinem Mund. Da er ein kleiner und schmächtiger Mann war, konnte ich mich sofort losreißen, mir den Mund mit dem Handrücken abwischen und davoneilen.

Ich konnte mich des Eindrucks nicht erwehren, dass ich als Ausländerin keine Respektsperson sondern Freiwild für weiße Südafrikaner war. Mit der Treue und auch mit der strikten Rassentrennung schienen es die männlichen Südafrikaner nicht genau zu nehmen, denn sie scheuten nicht davor zurück, die Wochenenden in Swaziland zu verbringen, wo sie sich schwarzen Prostituierten zuwandten. Andererseits gab es den „Immorality Act", der es jedem Weißen erlaubte, seinen Nachbarn zu kontrollieren und zu denunzieren beim leisesten Verdacht darauf, dass ein gemischtes Paar ein Verhältnis pflegte.

Mutter kommt zu Besuch

Im Oktober 1971 kam meine Mutter für einige Wochen zu Besuch. Sie hatte einen Billigflug ergattert und es war der erste Flug in ihrem Leben. Zusammen mit meinen Freunden holte ich sie vom Flughafen ab. Diese erklärten sich auch spontan bereit, Ausflüge mit uns in die nähere Umgebung zu machen.

Einmal fuhren wir nach Halfwayhouse, um dort den Schlangenpark zu besichtigen oder wir besuchten die Löwen, die wir vom Auto aus in ihrem Freigehege beobachten konnten. Eine ganz besondere Wochenendreise hatte ich gemeinsam mit einem Freund geplant, der eine Fluglizenz besaß. Für den Flug nach Mosambik waren meine Zimmergenossin und drei weitere Schweizer mit von der Partie. Zu sechst wollten wir dieses Vorhaben finanzieren. Unser Schweizer Pilot flog oft an den Wochenenden nach Lourenzo Marques, und erzählte uns hinterher, wie er sich dort mit frischem Hummer, Muscheln, Krabben oder anderen Meeresfrüchten den Bauch vollgeschlagen hätte, denn diese Spezialitäten waren damals reichlich vorhanden und spottbillig.

Da wir am Morgen unseres Abflugs nach Mosambik sehr früh aufstehen mussten, übernachteten alle gemeinsam in unserem Flat auf einem provisorischen Matratzenlager. In jener Nacht träumte ich, dass unsere Flugreise nach Mosambik nicht stattfinden würde und wachte beunruhigt auf. Als ich dann den wolkenlosen Morgenhimmel sah, verdrängte ich meine Ängste, und wir machten uns auf den Weg zu dem nahen kleinen Flughafen, der für Privatflüge von Sportflugzeugen vorgesehen war.

Bereits um sieben Uhr morgens hatten wir in der kleinen Abflughalle unsere Papiere ausgefüllt, mit unserem wenigen Gepäck eingecheckt und standen bereit auf dem Rollfeld, wo wir auf unsere Maschine warteten. Unser Pilot, ein verwegener Typ, der die Welt bereist hatte, beeilte sich, das vorbestellte Flugzeug aus dem Hangar zu holen. Als er nach einer geraumen Weile zurückkam, machte er seinem Unmut Luft, das reservierte Flugzeug war nicht da. Ein Ersatzflugzeug musste vor dem Abflug noch betankt werden und die platten Reifen des Fliegers mussten aufgepumpt oder ausgewechselt werden. Wir fünf Mitflieger konnten während des Wartens nur von einem Fuß auf den anderen treten. Als es endlich so weit war, um an Bord zu gehen, war es bereits zehn Uhr morgens. Da die Metall-Leiter nicht sachgemäß befestigt war, stürzte meine Mutter beim Einsteigen und verletzte sich am Knie. Über die zerrissenen Strümpfe, das Blut und die Schwellung am Knie verlor meine Mutter kein Wort. Sie stieg tapfer in das kleine einmotorige Flugzeug und harrte der Dinge, die da kommen sollten. Wir hatten es uns auf den engen Sitzen so bequem wie möglich gemacht.

Jetzt waren wir so früh aufgestanden und der halbe Tag war fast vorbei! Trotz meines schlechten Traumes, schafften wir es, in die Lüfte zu steigen. Die Häuser unter uns wurden immer kleiner. Unsere abenteuerliche Reise nach Norden konnte beginnen. Trotz des klaren und blauen Himmels wurde unser kleines Flugzeug heftig gebeutelt. Beim Funk-Kontakt zum Tower ächzte und knarzte es aus dem Lautsprecher. Aber wichtig war, dass unser Pilot die Anweisungen verstand. Mit der Zeit gewöhnte ich mich an die undeutliche Information aus dem Tower. Stattdessen hatte ich Angst, dass es meiner Mutter bei dem starken Geschaukel schlecht werden könnte und hielt ihre Hand. Sie war aber trotz der Turbulenzen guter Dinge. Zum Glück verstand meine Mutter kein Englisch, denn die Nachrichten, die uns vom Tower erreichten, waren keine frohen Botschaften. Die Stimme aus dem Lautsprecher forderte uns auf, aus Sicherheitsgründen umzukeh-

ren. Über den Swazibergen, die wir noch zu überfliegen hatten, lag dichter Nebel. Der Pilot unseres kleinen Flugzeugs hatte kein Radar zur Verfügung, er war auf gute Sicht angewiesen. Während wir weiterflogen, rissen die Hiobsbotschaften der Luftraumwächter nicht ab. Zwei Maschinen wurden auf unserer Flugroute bereits vermisst, ein weiteres Flugzeug war abgestürzt. Kaum dass wir die Hälfte unserer Flugroute geschafft hatten, entschloss sich unser Pilot zur Umkehr. Am frühen Nachmittag landeten wir, weiterhin begleitet von sehr starken Turbulenzen, heil auf dem Johannesburger Stadt-Flughafen.

Es war still im Sechssitzer beim Landeanflug. Wir alle hatten nicht nur feuchte Hände, sondern transpirierten am ganzen Körper. Es herrschte eine angespannte Stille in der Flugkabine, alle hatten wir beim Landcanflug die Luft angehalten. Ich ergriff von Zeit zu Zeit die Hand meiner Mutter, die sich anscheinend mit allen Schicksalsgegebenheiten abgefunden hatte

und nur lapidar meinte: „Da wo die Anderen bleiben, da bleibe ich auch."
Ich beruhigte mich mit der Vorstellung, dass je tiefer wir flogen, desto
größer würden bei einem eventuellen Absturz die Überlebenschancen sein.
Während gefährliche Scherwinde einen genauen Landeanflug auf der Piste
unmöglich machten, fiel mir eine Geschichte unseres jungen Schweizer
Piloten ein. Er war irgendwann und irgendwo auf der Welt in einer kleinen Maschine unterwegs gewesen, als er beim Landeanflug merkte, dass
die Räder des Fahrwerks blockierten. Durch Funkverständigung wurde am
Boden alles für eine Notlandung vorbereitet. Die Feuerwehr hatte einen
Schaumteppich auf der Piste verbreitet, der eine unsanfte Landung ver-
hindern und einen eventuellen Brand eindämmen sollte. Währenddessen
kreiste das Flugzeug über der Piste. Die Insassen des Flugzeugs schauten
gespannt aus dem Fenster und beobachteten interessiert das geschäftige
Treiben unter ihnen, das sie für eine Spezialübung hielten. Erst am Boden
bemerkten sie, dass das Rettungsmanöver ihnen gegolten hatte.

Während unserer Landung entdeckte ich weder Krankenwagen noch
Feuerwehr. Niemand von uns geriet in Panik. Wir alle waren seltsam ruhig.
Heil und unversehrt verspürten wir festen Boden unter den Füßen und ran-
gen beim Aussteigen erst einmal nach Luft. Für den Rest des Wochenendes
hockten wir unlustig herum, uns war die Laune zu allem vergangen.

Nie riss der Besucherstrom in unserer Wohnung in Hillbrow ab, auch
als meine Mutter zu Besuch war. Nach einem netten und lustigen Abend
war meine Mutter plötzlich schrecklich aufgeregt. Ihre eiserne Geldreserve,
die sie für den Heimflug vorgesehen hatte, war verschwunden. Der Verlust
von 500 Mark schmerzte sie. Ich konnte mir überhaupt nicht vorstellen, wer ihr das Geld im Schlafzimmer aus ihrer Handtasche gestohlen
haben könnte. In der naiven Erwartung, das entwendete Geld zurück-
zubekommen, schalteten wir die Polizei ein. An die Form des Auftretens
der Polizei hatten wir nicht gedacht. Zwei junge Afrikaans sprechende
Polizisten kamen ins Haus und vernahmen zunächst diejenigen, die
Zutritt zur Wohnung hatten, nämlich die schwarzen Hausangestellten.
Es war der junge farbige Rezeptionist, der durch die Mangel genommen
wurde, ebenso wie die stämmige Reinigungsfrau Daisy. Zu Daisy, die von
Anfang an bei uns sauber machte, hatte ich großes Vertrauen, und ich
war von ihrer Unschuld überzeugt. Das Reinigungspersonal war damals
in der Miete inbegriffen, das Gehalt wurde vom Vermieter bezahlt. Die
Reinigungskräfte hatten täglich immer die gleichen Aufgaben zu erfüllen,
dazu gehörte das Aufwischen des Fußbodens, das immer auf den Knien rut-
schend erledigt wurde, Staubsaugen und die Säuberung des Badezimmers
und der Küche. Da Daisy uns nebenher noch die Betten machte und das
Geschirr abwusch, gaben wir ihr zusätzlich ein paar Rand, von dem nie-

mand in der Hausverwaltung etwas wissen durfte. Daisy freute sich über den Zusatzverdienst. Wir hatten volles Vertrauen zu dieser großen, kräftigen Frau, die selbst zwei Töchter unseres Alters hatte.

Für die Polizisten gab es keine anderen Täter als Daisy und sie verhörten sie auf brutale Weise. Sie bedrängten Daisy, sie solle endlich den Diebstahl gestehen, aber diese lag den Beamten zu Füssen, weinte bitterlich und schwor, das Geld nicht genommen zu haben. Sie hatte Angst, ihre Putzstelle zu verlieren. Mit einem Zeugnis, das sie als Diebin abstempelte, würde sie keinen Job mehr bekommen und sie war total verzweifelt. Mir wurde das Verhör der erbarmungslosen Kerle zu bunt und ich schritt ein: Der Zeitpunkt, an dem das Geld weggekommen war, sei ein Hinweis darauf, dass es die Putzhilfe gar nicht gewesen sein konnte. Als die Polizisten bei ihrem Verdacht blieben, zog ich die Anzeige wegen Diebstahls zurück, nun waren sie endlich gezwungen zu gehen.

Wie sich bald herausstellte, musste sich ein junger Schweizer, der bei uns an jenem Abend zu Besuch war und der ohne Job unter permanenter Geldnot litt, sich am Tascheninhalt meiner Mutter bedient haben. Zwar konnte ich ihm den Diebstahl nicht direkt nachweisen, aber er verhielt sich uns gegenüber sehr auffällig. Am nächsten Morgen nach dem Verlust des Geldes rief er in aller Frühe an unter dem Vorwand, er wolle meine Mitbewohnerin sprechen. Er wollte wohl nur hören, ob wir den Verlust des Geldes schon bemerkt hatten. Später erzählte man, dass er sich kurze Zeit nach dem Diebstahl Dinge leistete, für die er vorher kein Geld hatte. Meine Mutter hatte jedoch die Trauer über den Verlust ihrer 500 Mark schnell verschmerzt, meinte, dass ein Beinbruch schlimmer gewesen wäre und verlor nie wieder ein Wort darüber.

Daisy passierte zum Glück nichts und sie konnte weiterhin in unserem Gebäude arbeiten. Ich bedauerte zutiefst, die Polizei eingeschaltet zu haben, aber ich hatte auf eine faire Untersuchung gehofft. Nun entschuldigte ich mich bei Daisy für dieses Verhör und stellte bei der Hausverwaltung klar, dass sie nichts mit dem Diebstahl zu tun hatte. Zum Glück war Daisy nach dieser Episode nicht schlecht auf mich zu sprechen, im Gegenteil.

Wenn ich meine getragenen Kleidungsstücke aussortierte, schenkte ich sie Daisy für ihre Töchter. Sie nahm sie auch gerne und dankbar an. Eines Tages traf ich auf dem Nachhauseweg die große schwarze Frau auf der anderen Straßenseite der Claim Street. Auf dem Kopf balancierte sie ein großes Bündel, das auch bei ihrem forschen Gang nicht herunterfiel. Sie winkte und wedelte mir mit ihren kräftigen Armen lebhaft zu und schrie quer über die Straße: „Thank you, Madam, for the bras". Nach dem Aussortieren meiner Unterwäsche hatte ich Daisy für ihre Töchter einige Büstenhalter geschenkt. Was ich furchtbar fand, war, dass sie mich, wie es die Form wollte, mit „Madam" ansprach, während ich die gestandene Frau mit Vornamen anredete, obwohl ich ihre Tochter hätte sein können.

Nach den aufregenden Wochen in Johannesburg und Umgebung, verbrachten meine Mutter und ich noch eine Woche am Meer, in Durban. Dort wohnten wir bei Bekannten, dem Ehepaar Müller, das in den fünfziger Jahren mit ihren drei Kindern von Köln nach Südafrika ausgewandert war. Anscheinend fühlten sie sich im Nachkriegsdeutschland nicht mehr wohl. Herr Müller, ein gelernter Metzger, fand in Johannesburg eine Anstellung in einem fleischverarbeitenden Betrieb. Immer wenn wir in unserem Apartment einen Fleisch-Fondue-Abend veranstalteten, besorgte uns Herr Müller zartes, mageres und vorzüglich abgehangenes Rindfleisch.

Müllers lebten in jener Zeit in einer Wochenend-Ehe. Herr Müller arbeitete in Johannesburg und Frau Müller wohnte mit ihren drei Kindern, die etwas jünger waren als ich, in Durban. Manchmal nahm mich Herr Müller an den Wochenenden mit zu seiner Familie. Für mich war der Strand des Indischen Ozeans eine willkommene Abwechslung. Die weiten, weißen Strände waren mit großen Schildern versehen: „Nur für Weiße". Hier tummelte sich die bessere, hellhäutige Gesellschaft. Für Schwarze gab es außerhalb dieser Zone einen ausgewiesenen Badestrand. Nur der Strand für Weiße war durch Haifischnetze gesichert.

Unterwegs nach Durban mit Herrn Müller erlebten wir einmal ein Naturphänomen, dass ich nie wieder erleben sollte. Es war dunkel geworden und plötzlich prasselte und knackte es unwetterartig auf die Windschutzscheibe. Ich nahm zunächst an, dass es sich um dicke Regentropfen oder schwere Hagelkörner handelte. Der Scheibenwischer bewegte sich mühsam und verschmierte sogar die Scheibe. Obwohl um diese Zeit kaum Verkehr herrschte, konnten wir unsere Fahrt nur langsam fortsetzten, der „Niederschlag" hörte lange nicht auf. Im Scheinwerferlicht konnte man Schwärme fliegender Lebewesen erkennen, und Herr Müller klärte mich auf, dass sich kurz vor der Regenzeit fliegende Ameisen auf ihrem Hochzeitsflug befänden. Kurz bevor sie ausschwärmen, wachsen ihnen Flügel und während ihres Fluges paaren sie sich in der Luft oder am Boden. Die Paarungszeit dauert nur wenige Stunden, danach sterben die Männchen und die Weibchen entledigen sich ihrer Flügel

Frau Müller betrieb einen florierenden Biltonhandel und kam zum Kauf dieser südafrikanischen Dörrfleischspezialität oft nach Johannesburg. Die im Großhandel erstandene Ware verkaufte sie in Durban und Umgebung weiter an Einzelhändler. Das getrocknete Rindfleisch, das in ca. 20 bis 30 Zentimeter lange und dicke Stücke geschnitten worden war, wurde teilweise geraspelt, in kleinen Portionen eingetütet im Kino oder Supermarkt als Snack verkauft. Auf diesem zähen Stumpen konnte man stundenlang herumkauen. Mit der Zeit entfaltete sich am Gaumen und auf der Zunge ein würziger Geschmack. Die Trockenfleischstücke konnte man auch in verschiedenen Geschmacksrichtungen erwerben, wie z. B. mit scharfem Chili.

Einmal begleitete ich Frau Müller von Johannesburg nach Durban. Obwohl wir für uns persönlich nicht viel Gepäck benötigten, hatte Frau Müller zusätzlich noch einen großen billigen Koffer dabei, den sie randvoll mit Bilton gefüllt hatte. Als Frau Müller bei der Gepäckabholung ihren billigen Allerweltskoffer auf dem Fließband kommen sah, wies sie einen der schwarzen Kofferträger an, ihr das Gepäckstück zum Taxi zu bringen. In der Wohnung von Müllers angekommen, trug der Hausboy die angebliche Bilton-Fracht ins Haus. Nun versuchte Frau Müller die Schlösser des Koffers zu öffnen, aber nichts bewegte sich, die Schlüssel schienen nicht zu passen. Sie riss und drückte an dem Koffer herum, der ihr plötzlich auch unendlich schwer vorkam. Wir alle standen vor einem Rätsel, bis kurz darauf ein Flughafenangestellter anrief und von einem Passagier sprach, der seinen Koffer gewaltsam geöffnet und zu seiner Überraschung Bilton vorgefunden hatte. Der Tausch der Koffer – in dem „falschen" hatte sich eisernes Handwerkszeug befunden – war dann nur noch eine Formsache.

Da das Ehepaar Müller meine Mutter bereits in Johannesburg kennengelernt hatte, luden sie uns zu sich nach Durban ein, wo wir kurz vor Weihnachten mit ihnen ein paar Tage in ihrem Haus verbrachten. Ich freute mich sehr darauf, meiner Mutter den Inder-Markt zeigen zu können, den ich vorher schon einige Male besucht hatte. Durban strahlte damals ein ganz besonderes Flair aus, denn hier gab und gibt es immer noch einen großen indischstämmigen Anteil an der Bevölkerung. Das Straßenbild ist sehr bunt und orientalisch. Die Männer, die in langen Gewändern und speziellen Kopfbedeckungen, dem Turban, daherkamen, waren für mich damals völlig fremd und exotisch. Die grazilen indischen Frauen in ihren seidenglänzenden Saris, die in allen intensiven Farben schimmerten, faszinierten mich. Sie hatten einen anmutigen Gang und eine stolze Haltung und trugen oftmals einen roten Punkt, ein Bindi, auf der Stirn oder einen schillernden kleinen Stein am Nasenflügel.

Im Hindu-Viertel steht ein großer indischer Tempel, der mit goldenen Rundtürmen versehen ist. Rundherum pulsiert das indische Geschäftsleben und das Exotischste war zu meiner Zeit der Inder-Markt, der aus einer Art Zeltstadt bestand. Die Besucher durchwandelten endlos aneinandergereihte Stände und konnten überall außergewöhnliche und fremdländische Dinge kaufen oder bestaunen. Unter den niedrigen Stoffabdeckungen, die die Ware schützten, lief man auch am helllichten Tag durch eine geheimnisvolle und mystische halbdunkle Welt von Kräuter- und Gewürzdüften, wie Curry, Kardamom und Kurkuma bis hin zu gemahlenem Hanf. Diese verschiedenen Aromen und Duftnoten, die einem die Sinne verwirrten, paarten sich mit dem Rauch unterschiedlicher Räucherstäbchen und waberten durch die Zeltstadt.

Wenn durch zerschlissene Zeltplanen das Sonnenlicht in das Markttreiben hineinschien, tanzten und wirbelten in langen Lichtstreifen feinste Staub- und Gewürzpartikel durch die Luft und gaben dem orientalischen Bazar ein mystisches Flair. An den Ständen wurde Schmuck aus Glasperlen, Gold oder Silber feilgeboten. Neben den gemahlenen Gewürzen aller Farbschattierungen gab es seidig glänzende Stoffe, Hocker aus Elefantenfüßen oder Armbänder aus Elefantenhaar, die übrigens als Glücksbringer bekannt sind. All diese außergewöhnlichen Dinge warteten auf Käufer. Verarbeitetes Nashorn gab es hier, auch Holz-Figuren, angemalt oder im Rohzustand, konnte man erwerben. Skulpturen aus Jade, Verdit, Seifenstein oder anderen Steinmaterialien standen zum Verkauf bereit. Was mich ganz besonders beeindruckte, war das verarbeitete Elfenbein. An Armreifen, Ringen, Anhängern und feinst geschnitzten Tierfiguren fand ich großen Gefallen. Von wahrhaftiger Schönheit waren die komplett erhaltenen Stoßzähne in ihrem Halbrund, in die religiöse Zeichen oder die

Geschichte einer ganzen Epoche in filigranster Weise mit orientalischen Mustern eingearbeitet waren. Trotzdem fand ich es schrecklich, dass man Elefanten wegen ihrer Stoßzähne tötete.

Auf dem Vorplatz des Indermarktes wurden Obst und Gemüse feilgeboten, es herrschte ein reges und buntes Treiben. Schwarze Frauen in farbigen Kleidern begaben sich mit ihren gefüllten Einkaufkörben oder einfachen Bündeln auf dem Kopf auf den Weg nach

Hause. Menschen hockten auf dem Boden und ruhten sich von ihren Tagesmühen aus. Einige junge dunkelhäutige Mütter hatte sich im Gewühl ein ruhiges Plätzchen gesucht, um ihre Säuglinge zu stillen.

Wenn ich in Durban weilte, war der Besuch auf dem Markt immer ein unbedingtes Muss, deshalb wollte ich meiner Mutter diese Sehenswürdigkeit nicht vorenthalten. Der gesamte Markt mit all seinen Kostbarkeiten und Raritäten brannte eine Woche nach unserem Besuch vollständig ab. Damit war die Hauptattraktion der Stadt unwiederbringlich verloren. Es mag sich um Brandstiftung gehandelt haben, aber wem nützt jetzt noch die Frage nach dem Wieso, Weshalb und Warum? Ein Teil der indischen Kultur, die selbst Ghandi noch erlebt hatte, war unwiederbringlich dahin. Später entstand auf dem Gelände des alten Inder-Marktes ein fester Steinbau, in dem die Waren vor Wind, Wetter und Feuer geschützt sind.

So kurz vor Weihnachten waren die Straßen von Durbans Innenstadt reich und festlich geschmückt. Die Menschen hasteten durch die Straßen und Geschäfte, um ihre letzten Weihnachtseinkäufe zu tätigen. Es war heiß und stickig an diesem Tag. Frau Müller, meine Mutter und ich hatten keine Eile und schlenderten durch das Gewühl. Wir benötigten nur noch Briefmarken für unsere Weihnachtspostkarten, die wir in dem architektonisch schönen Postgebäude im Zentrum kauften. Mitten im stockenden Verkehr, dem Gehupe ungeduldiger Autofahrer und dem Gewühl der Fußgänger entdeckten wir in der West Street einen kleinen Menschenauflauf. Er hatte sich um eine junge schwarze Frau gebildet, die auf dem Gehweg saß, fürchterlich schrie und sich vor Schmerzen wand. Einige Passanten waren um sie bemüht und auch wir eilten zu ihr hinüber auf die andere Straßenseite. Gerade in dem Moment, als wir sie erreichten, gebar die Frau ein Kind. Die Ambulanz war bereits bestellt, wir konnten nichts mehr tun. Meine Mutter murmelte etwas vom Christkind, das mitten auf der Straße geboren wurde.

Jedes Jahr zur Weihnachtszeit führten die Zulus ihre traditionellen Stammestänze in den Straßen von Durban auf. Dafür zogen sie in ihren speziellen Trachten, die aus Fellen, Federn und Fuß- und Armrasseln aus Samenkapseln bestanden, durch die Straßen. Sie sangen, tanzten und vollführten regelrechte Kunststücke, sie bewegten sich rhythmisch und geschmeidig wie Wildkatzen zu ihrer Trommelmusik und schienen selbst am meisten Spaß an ihrem Treiben zu haben. Im Wohnviertel öffneten sich die Fenster der weißen Bewohner, manche warfen ihnen Geldstücke zu, andere hingegen fühlten sich durch den Lärm des folkloristischen Spektakels belästigt. Auch dieses Schauspiel konnte ich mit meiner Mutter anschauen.

Wieder allein: Auf- und Ausbruchstimmung

Nach unserem gemeinsamen Ausflug nach Durban war die Zeit für meine Mutter in Südafrika abgelaufen. Sie kehrte nach Deutschland zurück und ich verbrachte nachdenklich und melancholisch das erste Weihnachtsfest weit weg von Zuhause. Die einsamen Tage gingen vorüber und Anfang des Jahres 1972 kam ich zu dem Schluss, dass ich noch wenig vom Land gesehen hatte. Mein Jahresurlaub war für größere Erkundungen des Landes nicht lang genug. Im März beschloss ich deswegen zu kündigen, um mir nach meiner Entdeckungsreise eine neue Stelle zu suchen. Es stand auch schon ein ganz besonderes und reizvolles Reiseziel in Aussicht, das Okavangodelta. Wieder war es der Schweizer Pilot, der für einen engen Freundeskreis eine Flugreise mit einer kleinen Maschine nach Botswana geplant hatte, wo er sich gut auskannte. Hier in freier Wildbahn waren ein dichter Schlafsack und Proviant die wichtigsten Utensilien. Hotels oder Herbergen gab es keine, was mich ein wenig beunruhigte. Was würde sein, wenn einer von uns von einer Schlange, einer giftigen Spinne oder einem Dengue-Moskito gebissen wurde?

Der 1.300 Kilometer lange Okavango-Fluß entspringt in der Mitte Angolas, durchschlängelt Namibia südöstlich und bildet in Botswana ein Labyrinth aus Wasserläufen und Seen. Dieses ausgedehnte Sumpfgebiet war und ist immer noch für unglaublich viele Vogelarten bekannt, die hier Schutz finden. Krokodile, Schlangen und Nilpferde fühlen sich hier sehr wohl und aalen sich im schützenden Schilf. Uns sollten als Fortbewegungsmittel Kanus aus ausgehöhlten Baumstämmen dienen. Kleine, mit Palmen bestandene Inseln mit Buschwerk wollten wir abwandern und dort nachts campieren. Beim Gedanken an die vielen gefährlichen Tiere war mir nicht wohl, obwohl ein Abenteuer-Urlaub eigentlich nach meinem Geschmack war. Alles war bereits perfekt geplant, ich hatte gekündigt, und dann kam doch alles anders.

Unser Schweizer Pilot, Abenteurer, Weltenbummler und Tausendsassa, mit dem wir die Reise ins Okawango-Delta unternehmen wollten, war auf eine alberne Mutprobe eingegangen. Mitten in der Nacht ließ er vor dem beeindruckten Freundeskreis im Supermarkt von Hillbrow eine Tube Thomy-Senf unter seiner Jacke verschwinden. Er hatte es gewiss nicht nötig zu stehlen, denn er hatte einen gut bezahlten Beruf, aber ein wenig Risiko sollte wohl seinem Leben die nötige Würze geben. Nun musste er die Konsequenzen tragen. Der Geschäftsführer rief sofort die Polizei, die unseren Freund in Handschellen abführte. Ich persönlich war in der besagten Nacht nicht dabei. Erst als ich einen Anruf aus dem Johannesburger Gefängnis erhielt, erfuhr ich Tage später von dem Ereignis. Wenn jemand in Südafrika eines Deliktes beschuldigt wurde, nahm sich die Polizei das Recht heraus, den Verdächtigen für bis zu 90 Tage ohne die Möglichkeit eines Rechtsbeistandes einzusperren. Im Falle unseres Freundes ließen die Beamten nach wenigen Tagen der Inhaftierung zu, dass er mit einer Vertrauensperson telefonieren konnte. Diese Person war, aus welchem Grund auch immer, ich.

Ich hörte dem Freund genau zu, was dieser mir am Telefon sagte und notierte seine Wünsche und Anweisungen, dann war die vorgeschriebene Zeit für das Telefonat auch schon verstrichen. Ich durfte nichts sagen und konnte auch nicht fragen, wieso er überhaupt im Gefängnis gelandet war. Nur am Tonfall seiner Stimme merkte ich, dass er in einer schwierigen Lage war und so schnell wie möglich daraus befreit werden musste. Zunächst sollte ich jemanden anrufen, den ich allerdings nicht kannte, der eine ordentliche Summe als Kaution beschaffen sollte. Auf der Liste der Dinge, die ich für den Inhaftierten zu besorgen hatte, standen belegte Brote, Zigaretten und Rasierzeug. Außer den belegten Broten war im Gefängnis nichts vom Erwünschten erlaubt, denn es herrschte Rauchverbot und die Rasierklingen hätten gefährlich werden können. Nachdem ich einen Packen Bargeld von einer fremden Person erhalten hatte, schmierte ich unendlich viele Sandwiches, von denen ich mir vorstellte, dass man sie mit Zellengenossen teilen könnte. Die Zigaretten und das Rasierzeug legte ich zuunterst in eine große Papiertüte und machte mich mit zwiespältigen Gefühlen auf den Weg zum Gefängnis, das mir hier in Südafrika recht furchteinflössend erschien.

Die jungen weißen Beamten feixten und scherzten auf Afrikaans, als ich mit meiner großen Einkaufs-Papiertüte vor ihnen auftauchte. Ich versuchte, auf ihr Spiel einzugehen, grinste sie freundlich an, schäkerte mit ihnen und wunderte mich insgeheim darüber, dass ich so locker erscheinen konnte. Zuerst reichte ich den Stapel Randnoten über den Tresen und im Eifer des munteren Gesprächs klemmte sich einer der Wärter die Tüte unter den Arm und brachte sie in die Gefängniszelle. Ich machte mich davon und hoffte inständig, dass die Mitbringsel seinen Empfänger erreichen würden.

Eine Woche später kam ein mitgenommener, magerer Mensch mit flackerndem Blick, wilden Haaren und einem Bart in meine Wohnung. Erst beim genaueren Hinsehen erkannte ich den Schweizer Freund. Er war gerade aus dem Gefängnis entlassen worden und wollte sich nur kurz bei mir bedanken, um sich anschließend endlich in seiner Wohnung auszuschlafen. Wie er mir später erzählte, war er mit vielen Schwerverbrechern jeder Hautfarbe in eine Zelle gesteckt worden. Die Brote hatten nicht für alle gereicht, die Zigaretten waren bald verteilt und das Rasierzeug hatte nur kurz seinen Zweck erfüllt. Aber man hatte ihm alle meine Mitbringsel ausgehändigt. Ich weiß nicht, ob Folter und Prügel im Spiel gewesen waren, aber der Gefängnisaufenthalt hatte unseren Freund sehr mitgenommen und führte dazu, dass er so schnell wie möglich das Land verließ. Nach Monaten erhielt ich von ihm eine Postkarte aus Venezuela. Dort hatte er als Pilot von Sprühflugzeugen angeheuert und bei einem der riskanten Tiefflüge war sein Flugzeug abgestürzt. Aus einem Krankenhaus in Caracas schrieb er mir, dass er das Unglück mit knapper Not und einigen Knochenbrüchen überlebt hatte. Danach hörte ich nie wieder von ihm.

Den ursprünglich ganz anders geplanten Urlaub verbrachte ich in Raten am Looskop Dam, in Piggs Peak in Swaziland, im Krugerpark, in Eastern Transvaal und Durban. Da ich ein wenig Geld zusammengespart hatte, meldete ich mich nach meiner Kündigung bei einer Modell-Agentur an, die versprach, dass man nach einer abgeschlossenen Ausbildung gutes Geld auf einfache Weise verdienen könne. Mit mir hatten sich noch andere junge Mädchen zu diesem Schritt entschlossen und zu unseren Basislektionen gehörte das richtige Gehen, das wir beim täglichen Gang über den Laufsteg übten. Für die für mich hohe Anmelde- und Ausbildungsgebühr von 80 Rand wurden wir in eine Kartei eingetragen und Probeaufnahmen wurden gemacht, die sich interessierte Modefirmen oder Fotografen ansehen konnten.

Bald schon wurde ich Protagonistin in einem Fotoroman, einer Art Seifenoper in Bildern mit Sprechblasen. Diese Form der Unterhaltung war bei der Bevölkerung sehr beliebt. Wer kein Geld fürs Kino hatte, kaufte sich solch ein Heftchen. Drei Frauen und drei Männer waren als Schüler von Jennys Modell-Agentur für diesen Fotoroman auserkoren worden. Unser Team arbeitete an einem Samstag von morgens um neun Uhr bis abends 21 Uhr und meine Mitbewohnerin hatte sich bereits Sorgen gemacht, weil ich so spät nach Hause kam. Den ganzen Tag lang hatten sich zwei Fotografen mit uns befasst, wir wurden geschminkt, gekämmt und ins rechte Scheinwerferlicht gerückt. Nach zwölf Stunden Posieren waren wir alle fix und fertig. Geld sahen wir an diesem Abend auch nicht. Tage später sah ich die Abzüge, die an einer Trockenleine im Fotolabor baumelten. Der Fotograf versicherte uns, dass wir unser Honorar bekommen würden, sobald das Heft erscheinen wäre. Letzten Endes muss wohl etwas schief gelaufen sein, denn Geld sahen wir nie.

Eines Morgens rief die Sekretärin der Agentur aufgeregt bei mir zu Hause an, ich solle sofort in die Agentur kommen, es gäbe eine wichtige Aufgabe zu erledigen. Da ich immer noch an irgendeinen Geldsegen glaubte, beeilte ich mich, in Jennys Modellschule zu kommen. Dort teilte man mir mit, dass ein Mr. Bernstein, ein Bekleidungsfabrikant, dringend auf ein Model für die neue Mantelkollektion wartete. Ein Modell war kurzfristig ausgefallen. Ich hatte das Vorführen von Mänteln noch nicht geübt und musste dies jetzt im Schnellverfahren nachholen. Der Mantel musste beim Gehen langsam, aber lässig über die Schulter nach unten gleiten und in einer eleganten Drehung ganz ausgezogen werden.

Was sich einfach anhört, war in Wirklichkeit ein recht komplizierter Vorgang und brauchte Übung. Allzu oft konnte ich nicht üben, Mr. Bernstein wartete schon, die Zeit drängte. Pünktlich um elf Uhr erreichte ich atemlos das große Gebäude des Fabrikanten Bernstein, der mich unwirsch und gereizt empfing. Die Kunden, die an seiner Mantelkollektion interessiert waren, saßen bereits in Wartestellung. Nun versuchte ich mein Bestes zu geben und zu zeigen, was ich an diesem Morgen auf die Schnelle gelernt hatte. Ich konzentrierte mich darauf, einige Schritte gehen, den Mantel aufzuknöpfen und langsam über die Schulter hinuntergleiten zu lassen. An den funkelnden Augen und der

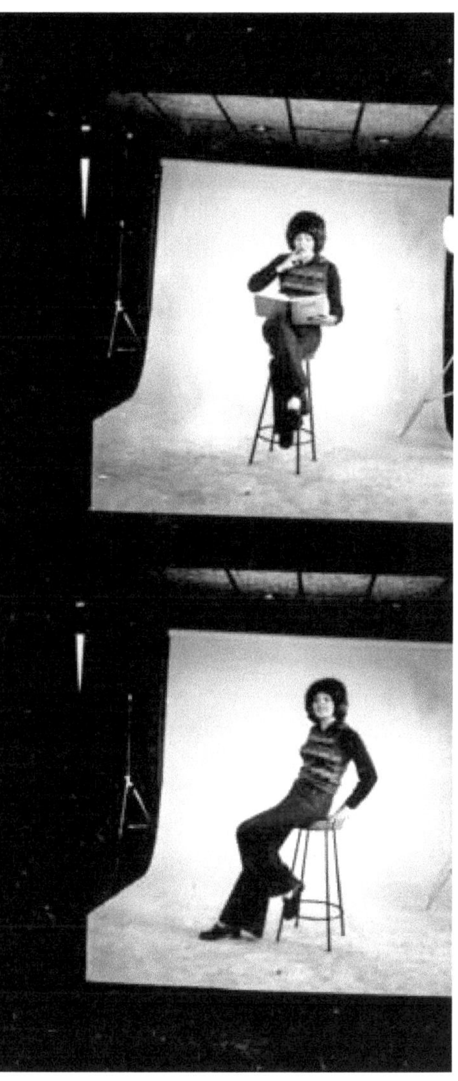

bösen Miene des Herrn Bernstein erkannte ich, dass mein Auftritt nicht seinen Anforderungen entsprach. Mein „cat walk" zeigte keinesfalls professionelle Züge. Was sollte ich anders machen? Ich hielt durch und gab mich selbstbewusst. Nach zwei Stunden hatten die Kunden ihre Wahl getroffen. Ich wurde wortlos in die Freiheit entlassen. Von Geld war wieder nicht die Rede, das machte der Fabrikant mit der Agentur ab. Die vielen Stunden, die ich in Jennys Modell-Schule verbracht hatte, blieben ohne Gewinn und Aussicht auf einen professionellen Einstieg in den Job. Zum Glück war ich wenigstens so realistisch, dass ich erkannte, dass höchstens die Agentur mit mir gewinnbringend gearbeitet hatte. Als mein Erspartes nach wenigen Wochen, in denen ich täglich die Agentur besucht hatte, dahinschmolz und nicht absehbar war, dass ich je einen Cent als Fotomodell verdienen würde, beschloss ich, mir eine reguläre Arbeit zu suchen.

Nach dem Experiment in der Modell-Agentur wollte ich kein Risiko mehr eingehen. Mit Mühe fand ich eine Stelle im Büro einer jüdischen Importfirma. Auch hier ging es wieder um Mode und Modezubehör wie Kleidung, Hüte, Taschen, Schmuck, Perücken und Haarteile, die aus verschiedenen Ländern Europas importiert wurden. Wieder saß ich mit vielen jungen Frauen in einem Großraumbüro und war für Perücken und Haarteile zuständig, die aus Belgien stammten. Einige Angestellte waren im Außendienst tätig. Farbige und indische junge Männer arbeiteten als Boten oder in der Ablage-Abteilung, wo sie Briefe, Aufträge oder Kopien abhefteten. Die Firma beschäftigte ein festangestelltes Mannequin, das aus Deutschland stammte und mit dem ich mich anfreundete. Die gut aussehende junge Frau hatte nach einer professionellen Ausbildung eine Zeit lang in New York gelebt und war dann aus unerfindlichen Gründen in Südafrika gelandet. Oft verbrachten wir gemeinsam die Mittagspause, aber die Bekanntschaft war nur von kurzer Dauer.

Schon nach wenigen Wochen fiel mir auf, dass die Belegschaft der Firma merklich schrumpfte. Unser Großraumbüro lichtete sich. Ich ahnte, dass auch ich bald an der Reihe sein würde, was mir überhaupt nicht passte. Als ich bei Kinekor kündigte, hatte ich keine Vorstellung davon gehabt, dass die Jobsuche kompliziert werden könnte. Wegen der Schwierigkeiten bei der Arbeitssuche und angesichts des üblichen mickrigen Gehalts begann ich mich sogar mit dem Gedanken vertraut zu machen, Südafrika zu verlassen. Es stand sogar ein Termin fest, an dem ich meine Freundin Karin, die ich im Madison Building in der Kapteijn Street kennengelernt hatte, in Brasilien besuchen würde. Auch sie hatte kapituliert und war nach Rio zurückgekehrt, wo ihre Eltern lebten. Da mein Abflugtermin in drei Monaten bereits feststand, war die zu frühe Entlassung eine Katastrophe für mich. Mir fehlten drei Monatsgehälter. Alles was für meine Abreise durchkalkuliert und geplant worden war, wurde durch den frühen Rausschmiss zunichte gemacht.

Als ich in das elegante Büro eines der Oberbosse zitiert wurde, ahnte ich nichts Gutes. Meine Befürchtung bestätigte sich, ich bekam die Kündigung. Mir wurde erklärt, dass die Zölle auf Waren aus Europa erhöht worden waren, was man nun am Personal einsparen müsste. Mir nützten diese Erklärungen nichts, denn ich hatte bis zu meiner Abreise mit einem festen

Gehalt gerechnet, um meine kleine Weltreise, die über Rio, New York und Frankfurt führen sollte, zu finanzieren. Heulend räumte ich meinen Schreibtisch. Dann kam Mr. Weil, der für mich zuständige Abteilungsleiter, der nie lachte und immer griesgrämig dreinschaute. Dieser Mr. Weil, den ich für einen strengen und kühlen Menschen gehalten hatte, holte mich in sein Büro und versuchte mich zu trösten. Seine väterliche und beruhigende Art half mir in diesem Moment wenig, denn ich sah alle meine Pläne zunichte gemacht. Meine Verzweiflung schien ihn sehr zu berühren. Durch den Schleier meiner Tränen sah ich in den Augen meines Gegenübers eine unendliche Traurigkeit. Er erklärte mir, ich solle mich bei ihm in zwei bis drei Tagen wieder melden, er habe viele Freunde in der Stadt, die mir einen neuen Job verschaffen könnten. Ich rief ihn nie mehr an.

So hat Mr. Weil niemals erfahren, dass ich nur für kurze Zeit meine Arbeit behalten wollte. Seine verständnisvolle und einfühlsame Art ist mir jedoch nie aus dem Sinn gegangen. Irgendwann kam mir der Gedanke, dass er vielleicht selbst einmal viel Leid erfahren hat, womöglich in einem von den Deutschen errichteten Konzentrationslager? Es schien als könne er das Leid anderer Menschen am eigenen Leib spüren. Obwohl ich ihn nie wiedersah, hat mich sein mitfühlender Blick ein Leben lang begleitet.

Begegnung mit Sebastian

Trotz aller Widrigkeiten war das Glück erneut auf meiner Seite. Für die wenigen Wochen bis zu meiner Abreise fand ich eine Stelle bei einer deutschen Firma und ich hatte ein schlechtes Gewissen, weil ich von vornherein wusste, dass ich bald kündigen würde. Mittlerweile war ich aus unserer Wohnung in Hillbrow ausgezogen und wohnte bei Freunden an der Peripherie Johannesburgs, wo ich nur wenig Miete zahlte. Mit dem Hausherrn, der im Stadtzentrum einen Tischlerbetrieb besaß, fuhr ich morgens in aller Frühe zur Arbeit und saß so bereits vor sieben Uhr im Büro. Dafür endete mein Dienst bereits um sechzehn Uhr und ließ noch genügend Zeit für ein erbauliches Sozialleben. Bis zu meiner Abreise nach Brasilien fehlten nur noch wenige Wochen. Zum Abschluss meines Aufenthaltes in Südafrika wollte ich mit einem Freund durch Namibia reisen.

Diesen Freund hatte ich im Sommer 1971 wenige Monate nach meiner Ankunft durch eine junge Deutsche, mit der ich mich angefreundet hatte, kennengelernt. Sie organisierte mit mir zusammen ein kleines Abendessen für zwei Südafrika-Neulinge, denen sie Tipps für Ausflugsmöglichkeiten, Restaurants und Kneipen geben wollte. Gemeinsam bereiteten wir

Kartoffelsalat mit Würstchen vor. Die Gäste, Benni und Sebastian, erschienen pünktlich, freuten sich über den Imbiss und es entwickelte sich im Laufe des Abends eine angeregte Unterhaltung. Die Beiden waren, anders als viele Einwanderer, von deutschen Firmen nach Südafrika entsandt worden und hatten einen Arbeitsvertrag auf Zeit. Während Sebastian, den seine Freunde Sebs nannten, sich selbst ein Bild über die Apartheid machen wollte, von der er viel gehört und gelesen hatte, war Benni regierungskonform. Die Einstellung der Buren passte in sein Weltbild. Gegensätzlichere Typen konnte man sich gar nicht vorstellen. Und so bekam ich gleich am ersten Abend mit, wie Sebastian sich vehement gegen die Apartheid aussprach. Es kam zu einer hitzigen und lautstarken Diskussion, in der Sebastian das unmenschliche Regime angriff und sich nicht von seiner Meinung abbringen ließ. Diesem ersten Streitgespräch sollten noch viele folgen. Da Sebastian und Benni miteinander arbeiteten, waren sie gezwungen, sich im alltäglichen Umgang miteinander zu arrangieren.

Bisher hatte niemand in meinem neuen Bekanntenkreis den Mut gehabt, so offen über die Ungerechtigkeit der südafrikanischen Rassenpolitik zu sprechen. Die meisten jungen Leute, die ich kannte, schien das menschenfeindliche Regierungssystem nicht zu stören, sie passten sich an oder schwiegen ganz einfach. Vielleicht war Angst vor Repressalien im Spiel, vielleicht war es einfach Gleichgültigkeit. Jetzt hatte zum ersten Mal jemand etwas ausgesprochen, was ich fühlte. Für mich war die unwürdige Behandlung der Urbevölkerung durch die Weißen eine wahre Schande. In Südafrika wurde von Staatswegen unterdrückt, gefoltert und sogar gemordet. Die Justiz verdrehte Tatbestände so, dass sich die dunkelhäutigen Menschen in jedem Fall im Unrecht befanden. Die Realität der Apartheid war noch viel schlimmer, als man sie sich im fernen Europa hatte vorstellen können. Ich war mit dem naiven Wunsch ins Land gekommen, etwas bewirken zu können, aber die Realität sah verheerend aus.

Im Laufe meiner Zeit in Südafrika hatte ich viele Freundschaften geschlossen und nette Leute kennengelernt. Auf zehn weiße Männern kam eine Frau, also war man als Frau sehr begehrt. Aber wegen meiner Pläne, Südafrika den Rücken zu kehren, wollte ich nicht nach einem Ehemann oder einer festen Bindung Ausschau halten. So traf ich Sebs, der mich tief beeindruckt hatte, anfangs nicht sehr oft. Manchmal begegneten wir uns zufällig am Samstag im Café Wien, wo wir gelegentlich frühstückten. Ab und zu lud er mich ins Kino ein oder wir machten zu viert, zusammen mit Benni und meiner deutschen Freundin, einen Tagesausflug in die nähere Umgebung Johannesburgs. Sebs holte mich manchmal vom Büro ab oder traf mich in der Mittagspause. Ob wir nun Probleme besprachen oder uns angenehm unterhielten, vor allen Dingen konnten wir miteinander lachen.

An einem Samstagabend kamen wir zu viert auf die Idee, nach Krügersdorp zu fahren in einen abgelegenen Tanzschuppen, der für seine Küche und Tanzveranstaltungen bekannt war. Ursprünglich waren wir nur zum Essen gekommen, aber als schwungvolle Musik gespielt wurde, hielt es Sebs und mich nicht mehr auf den Stühlen. Wir erstürmten die Tanzfläche, während die beiden anderen sich weiter unterhielten. Sebs traf hier auf vier junge deutsche Monteure, die er in Jo´burg kennengelernt hatte. Die vier Junggesellen flirteten mit jungen Südafrikanerinnen und forderten sie sogar zum Tanz auf. Die Frauen waren in Begleitung einer Horde jugendlicher Buren, die bei steigendem Alkoholpegel immer aggressiver wurden. Die Stimmung im Saal schlug um, gerade als wir uns erschöpft zu unseren Freunden gesetzt hatten. Auf der Tanzfläche gab es einen Tumult. Schreie und Rufe wurden hörbar, Glas zersplitterte, Menschen rannten hinaus auf den Parkplatz, wo es zu einer Massenkeilerei gekommen war. Während Benni und meine Freundin sich zurückhielten, mischten Sebs und ich uns direkt ins Handgemenge und versuchten, den Streit zu schlichten, wobei wir auch die vier Deutschen entdeckten. Ein Afrikaans sprechender Bure fragte einen jungen Mann, ob er Deutscher sei, als er dies bejahte, sauste eine Bierflasche auf seinen Schädel nieder, Blut quoll aus einer großen Platzwunde auf der Stirn und färbte die Kleidung rot. Schon hatten die betrunkenen Randalierer ihr nächstes Opfer im Visier, das Sekunden später ebenfalls blutete. Überall schlugen die Leute aufeinander ein. Die Situation geriet völlig außer Kontrolle, jeder bekämpfte jeden, Stühle gingen zu Bruch, volle Bierflaschen sausten durch die Luft. Sebs und ich liefen über den Platz und mussten uns ständig vor Wurfgeschossen in Acht nehmen. Ich hoffte die ganze Zeit darauf, die Schläger würden mich als Frau verschonen, was sie zum Glück auch taten. Alle Bemühungen, die Kampfhähne auseinander zu treiben, schlugen fehl.

Ein Deutscher, der aus Schwaben stammte, hatte vom Schlag mit der Bierflasche mehrere riesige Beulen am Kopf, die ihm Schmerzen bereitet haben mussten. Ein viel lauteres Wehklagen stimmte er jedoch an, als er seinen neuen weißen Sportwagen entdeckte. Die Windschutzscheibe des heiß geliebten Autos war zertrümmert. Die beiden Vordersitze waren mit Glasscherben übersät. Sebs und ich befreiten die Autositze notdürftig von den Glasstücken und quetschten die drei verletzten Deutschen auf den engen Hintersitz. Nachdem wir unseren beiden Freunden klar gemacht hatten, dass sie ohne uns nach Hause fahren müssten, legten Sebastian und ich unsere Jacken auf die schwarzen Ledersitze, um uns vor den restlichen Glassplittern zu schützen, und fuhren in Richtung Krügersdorp ins Krankenhaus. Einer der vier Deutschen, wegen dem die Massenkeilerei überhaupt begonnen hatte, war bereits mit seinem eigenen

Auto entkommen. Die Drei von der Hinterbank erzählten uns, wie es zu der Auseinandersetzung gekommen war. Derjenige, der bereits geflohen war, ein gut aussehender junger Typ, hatte eine Südafrikanerin, von der er annahm, sie sei ohne Begleitung, zum Tanz aufgefordert. Das war Wasser auf die Mühlen der Buren, die an diesem Abend nur auf Provokation aus zu sein schienen. Viel gab es nämlich in dem Buren-Kaff Krügersdorp nicht zu tun. An den Deutschen hatten sie gut ihre Aggressionen abreagieren können.

Kaum hatten wir den Parkplatz verlassen, hörten wir Polizeisirenen. Sebs gab Gas, denn mit der Polizei wollte keiner von uns etwas zu tun haben. Auf halbem Weg in die Stadt sahen wir im Scheinwerferlicht durch die nicht mehr vorhandene Windschutzscheibe einen Menschenauflauf rund um ein verunglücktes Auto. Die Insassen hatten ebenfalls ins Krankenhaus fahren wollen, aber dem Fahrer war ein Pferd ins Auto gelaufen. Hier war ein Krankenwagen nötig, aber wir nahmen an, dass die Umherstehenden dies bereits in die Wege geleitet hatten und fuhren weiter ins Krügersdorper Hospital. Im Spital herrschte Hochbetrieb und wir mussten bis zum frühen Morgen warten, bis unsere Verletzten verarztet wurden.

Meine letzten Arbeitswochen wären recht unspektakulär verlaufen, wäre da nicht meine neue Kollegin Monika gewesen, mit der ich einen kleinen Büroraum teilte. Monika und ich verstanden uns auf Anhieb. Sie erzählte mir von ihren Reisen, die sie gemeinsam mit ihrem Mann, den sie gerade geheiratet hatte, im Land unternommen hatte. Während eines mehrwöchigen Sonderurlaubs hatten sie gemeinsam nach einer gründlichen Vorbereitungszeit den Kilimandscharo bestiegen. Monika schwärmte von den herrlichen Nationalparks und vor allem von Südwestafrika und der Etosha-Pfanne. Als wir uns besser kennengelernt hatten, weihte ich sie in mein Geheimnis ein, nämlich, dass ich bald kündigen und dann ebenfalls diese Reise nach Südwest antreten wollte. Spontan lud sie Sebastian und mich nach Hause ein, wo sie und ihr Mann uns ihre Reisefotos zeigten und mit uns über die Reiserouten sprachen. Neben jeder Menge nützlicher Ratschläge, die uns das Paar mit auf den Weg gab, lieh es uns einige Campinggegenstände, die für diesen Trip als unentbehrlich angesehen wurden. Selbst Schlangenserum gehörte mit zu unserer Ausrüstung. Zum Glück brauchten wir es nicht, wir hätten es auch gar nicht fachmännisch einsetzen können.

Monika und ich blieben auch nach dem Südwest-Trip gut befreundet. Unsere in Südafrika geborenen ältesten Kinder waren etwa gleichaltrig. Allerdings wohnten wir weit voneinander entfernt, sie in Alberton und wir in Randburg. So besuchten wir einander nur gelegentlich. Als wir 1975 Südafrika verließen, blieb sie noch einige Jahre in Südwest-Afrika und auch in Südafrika, denn ihr Mann war ein gefragter Tiefbauingenieur. In Südwest-Afrika war er maßgeblich am Bau eines Flughafens beteiligt und in Transvaal an einem Staudamm. Die Kinder besuchten später die Deutsche Schule in Johannesburg.

Anfang 1978 war es in der Grenzzone zwischen Angola und Namibia zu einem bewaffneten Konflikt gekommen, auf den die südafrikanische Regierung voller Panik reagierte, denn die Apartheidspolitiker Südafrikas befürchteten einen kommunistischen Nachbarstaat. Am 6. September 1978 wurde ein Gesetz erlassen, das alle in Südafrika geborenen Jungen, gleich welcher Nationalität, ab dem Alter von 14 Jahren zum Militäreinsatz an der angolanisch-südwestafrikanischen Grenze verpflichtete. Damals verließen viele unserer Freunde aus Deutschland, England und der Schweiz, die Kinder hatten, das Land. Auch Monika und ihre Familie kehrten Südafrika schweren Herzens den Rücken, dem Land, das sie so geliebt hatten.

Nun zurück zu meinen letzten Wochen in Johannesburg. Aus reiner Neugier und mit dem Hintergedanken, doch noch ein paar Rand dazu zu verdienen, reagierte ich auf eine Aufforderung der Modell-Agentur, an Probeaufnahmen teilzunehmen. Ich wusste nicht, was mich im am Stadtrand gelegenen Backsteingebäude der Filmfirma erwarten würde. In einem langen, kahlen Gang, der in kaltes Neonlicht getaucht war, hatten sich etliche Kandidaten aller Altersklassen eingefunden, die wie ich einen Termin hatten. Ich wartete fast drei Stunden lang, die mir wie eine Ewigkeit vorkamen, und spielte schon mit dem Gedanken zu gehen: Immerhin würde ich sowieso das Land verlassen und unter keiner Adresse mehr erreichbar sein. Während ich mich über die Zeitverschwendung zu ärgern begann, wurde endlich mein Name aufgerufen. So fand ich mich in einem Aufnahmestudio wieder, das mit etlichen riesigen, zunächst ausgeschalteten Scheinwerfern und Kameras bestückt war. Ein freundlicher junger Mann stellte sich und sein Team vor und erklärte mir, dass man in Südafrika an eine eigene Fernsehproduktion denke. Jetzt liefen die Vorbereitungen auf vollen Touren. Für zukünftige Spielfilme oder Serien wurden die verschiedensten Typen des Landes gesucht und Probeaufnahmen von ihnen gemacht. Es war also ein Tag, an dem zukünftige südafrikanische Fernsehstars gesichtet wurden.

Mein Gesprächspartner, der keineswegs unter Zeitdruck zu stehen schien, klärte mich in lockerer Art über die Filmarbeit auf und erklärte mir, was ich zu tun hatte. Durch sein liebenswürdiges Auftreten lösten sich in mir alle vorhandenen Blockaden. Mit großer, zuvor nie verspürter Selbstsicherheit erzählte ich vor laufender Kamera meinen Lebenslauf. Kein einziges Mal geriet ich ins Stocken. Das gleißende Licht der vielen Scheinwerfer empfand ich als Schutz, nichts lenkte mich von meinem spontanen Vortrag ab. Ich empfand während des Castings keinerlei Angst oder Druck und fühlte deswegen auch kaum Erleichterung, als die Vorstellung, die nun auf Zelluloid gebannt war, beendet war. Wegen der gelungenen Aufnahmen erhielt ich etliche Komplimente. Über den weiteren Verlauf der Dinge würde man mich unterrichten. Mir war jedoch vollkommen klar, dass es kein Treffen mehr geben würde, selbt wenn die Filmleute noch so händeringend jemanden mit deutschem Akzent gesucht hätten. Das war die letzte Berührung mit der Agentur und der Filmbranche in Südafrika.

Am 15. Juli 1972 war mein letzter Arbeitstag bei der Deutschen Firma und wenig später starteten Sebastian und ich unsere gemeinsame Rundreise. Sie sollte von Johannesburg quer durch den Oranje Freistaat nach Südwest-Afrika führen. Von dort sollte es nach Süden in Richtung Kapstadt gehen. Die Garden Route sollte uns zurück zu unserem Ausgangspunkt Johannesburg führen. In vier Wochen legten wir 8.000 Kilometer mit dem Auto zurück.

Gegen drei Uhr am Morgen holte mich Sebs von Zuhause ab. Es war noch stockfinstere Nacht. Unsere Reise hätte beinahe gleich am Anfang ein jähes Ende gefunden, als im grauen Morgendunst eine Kuhherde gemächlich über die Fahrbahn trottete. Durch die Vollbremsung geriet unser Auto ins Schleudern, aber Sebastian manövrierte uns geschickt zwischen den stehenden Kühen hindurch. So kamen wir zum Glück nur mit einem gewaltigen Schrecken davon. Es dauerte mindestens eine halbe Stunde, bis ich mich von diesem Schock erholt hatte. Sebs ergriff das Lenkrad und setzte die Fahrt ungerührt fort. Langsam wurde es heller, die Umrisse der Landschaft waren mit jeder fortschreitenden Minute klarer zu erkennen.

Was unsere vierwöchige Rundreise angeht, so erinnere ich mich an endlos lange und gerade Staubstrassen, auf denen nur wenige Autos unterwegs waren. Auf unserer ersten Etappe machten wir in Kimberley Halt und bestaunten das „große Loch", wo im Tagebau bis 1914 Diamanten geschürft worden waren. Das Loch soll etwa 220 Meter tief sein, hat einen Umfang von 1,6 Kilometern und einen Durchmesser von 460 Metern. Der Diamantenrausch hatte hier im Jahr 1869 eingesetzt und Zehntausende von Diamantsuchern angezogen. Rund vierzig Jahre lang kämpften sich die Menschen ohne jede maschinelle Hilfe in die Tiefe. 22,5 Millionen Tonnen Gestein wurden bewegt. Die zu Tage geförderte Menge an Diamanten betrug 2.722 Kilo und hatte einen Wert von 40 Milliarden Euro. Der Förderturm, die alte Lokomotive und die Loren stehen heute immer noch an ihrem angestammten Platz. Die Holzgebäude der Minenstadt sind zum Museum geworden, darunter auch ein Saloon, Schwingtüren inbegriffen.

Wir fuhren durch bizarre Bergformationen, Wüsten, trockenes Buschwerk und kleine Dörfer mit schwarzer Bevölkerung. Nachdem wir

Orte wie Upington, Keetmanshoop, Rehobot, Windhoek (wo wir einige Tage blieben), Okahandja, Grootfontein, Tsumeb durchfahren hatten, erreichten wir die Etosha-Pfanne und übernachteten im ehemals deutschen Fort Namutoni. Die Festung wurde 1897 von der deutschen Kolonialverwaltung errichtet. Als wir im August 1972 vom Dach der Festung den Sonnenuntergang und die Weite des Landes bestaunten, bemerkten wir zu unserer großen Verblüffung, dass neben uns die Flagge des ehemaligen deutschen Kaiser-Reiches gehisst wurde. Als wir den Nachfahren ehemaliger deutscher Einwanderer nach dem Grund fragten, antwortete dieser, dass morgen der Kaiser komme. Unter den „Deutsch-Südwestlern" schien die Zeit stehen geblieben zu sein. Irgendein Nachfahre des Kaisers hatte sich für den nächsten Tag in Namutoni angesagt. Den bekamen wir jedoch nicht mehr zu sehen, da wir uns bei Sonnenaufgang bereits in der Etosha-Pfanne befanden.

Die Etosha-Pfanne soll zu den größten Wildparks der Welt zählen, er liegt nahe der Grenze zu Angola. Während unseres Aufenthaltes war es tagsüber bärig heiß, nachts hingegen fielen die Temperaturen fast bis auf den Gefrierpunkt. Wir beobachteten wilde Tiere, die in den frühen Morgenstunden und der Abenddämmerung zögernd den Wasserlöchern zustrebten. Sie waren ständig auf der Hut und darauf bedacht, bei Gefahr den sofortigen Rückzug anzutreten.

Das riesige Gebiet des Etosha-National-Parks ist über 20.000 Quadratkilometer groß und besteht in seinem Kern aus einer Salzwüste. Er beherbergt 114 verschiedene Säugetierarten, über 340 Vogelsorten und 16 Amphibien- und Reptilienspezies. Der Name Etosha bedeutet „großer weißer Platz von trockenem Wasser". Die ersten Europäer, die es 1851 in die Etosha-Pfanne verschlug, waren Händler und Entdeckungsreisende.

Wir machten Station in den drei Camps, die den Touristen damals zur Verfügung standen. Nach der Festung Namutoni übernachteten wir im Camp von Halali, wo den wenigen Touristen damals nur Zelte zur Verfügung standen. Das wäre eigentlich vollkommen in Ordnung gewesen, hätte sich in tiefster Dunkelheit nicht ein Rudel Löwen wenige Meter hinter dem nahe gelegenen Zaun bemerkbar gemacht. Das Gebrüll erfüllte mich mit Angst und Schrecken. Natürlich wollten sie ihrem Hunger ein Ende bereiten. Aber mir blieb beim Konzert der Wildnis fast das Herz stehen. Wenn der Absperrzaun nun ein Loch hatte? Die schweren Löwenpranken mit den scharfen Krallen hätten unseren Zeltstoff mit einem Schlag in Stücke gerissen. In meiner Vorstellung hatten die ausgehungerten wilden Tiere die Touristen als Leckerbissen auserkoren. Ich legte mich zu Sebastian auf das harte Nachtlager, denn ich wollte nicht alleine sterben. Die wenigen anderen Besucher schienen ebenfalls um ihr Leben zu fürchten. Sie stiegen in ihre Autos, wo sie sich vom festen Metallgehäuse ihrer Fahrzeuge besser geschützt fühlten. Als die Ranger zeitgleich mit den Autofahrern die Scheinwerfer einschalteten, um die Tiere hinter dem Zaun zu blenden, sahen wir etliche brüllende Löwen an der Abzäunung stehen, Elefanten zogen grasend vorbei und die glühenden Augen der Hyänen lauerten in einiger Entfernung. Das Spektakel verstummte nach einiger Zeit und die großen Scheinwerfer erloschen. Nur einige kleine Notbeleuchtungen blieben die ganze Nacht auf dem großen Platz des Camps eingeschaltet, die nur spärliches Licht abgaben.

Ich konnte vor lauter Angst nicht einschlafen, der Schreck saß mir tief in den Gliedern. Kurze Zeit später überfiel mich ein heftiger Harndrang. Die Toiletten befanden sich am anderen Ende des Camps. Alleine traute ich mich nicht dorthin durch die Dunkelheit. Ich fragte mich, ob ich Schlangen im kargen Licht der gedämpften Nachtlampen bemerken würde. Aus der Ferne drangen Hyänenschreie zu uns herüber. Irgendetwas vor unserem Zelt fiel um und verursachte ein polterndes Geräusch. Mit Widerwillen dachte ich daran, das warme Bett verlassen zu müssen. So gesellte sich zu der Angst vor den wilden Tieren das Grausen vor der eisigen Kälte, die nächtens die Wüste befällt. Es half nichts, ich weckte Sebastian, der so freundlich war, mich zum Bade- und Toilettenraum zu begleiten. Die restliche Nacht zog sich hin, an Schlaf war nicht mehr zu denken. Ich konnte den Tagesanbruch kaum erwarten, das Licht, das alle Gefahren sichtbar machte und die Sonne, die mit vorrückender Stunde immer wärmer wurde. Das brachte die Lebensgeister zurück. Im dritten Camp, Okaukuejo, war ich heilfroh, dass wir nachts wieder von dicken Mauern beschützt wurden.

Nach einigen Tagen erreichten wir die kleine Stadt Swakopmund, die mit ihrem markanten rot-weißen Leuchtturm von weitem zu erkennen ist. Die weißen Bewohner Namibias, deren Vorfahren einst Deutsch-Südwest besetzten, sind deutscher als die Deutschen im Mutterland. Kuchen wurde hier noch nach alten Rezepten gebacken und schmeckte köstlich. Als ich 1972 erstmals die kleine, damals über einhundertfünfzig Jahre alte und überschaubare Stadt Windhoek besuchte, kam sie mir recht gemütlich und überschaubar vor. Was mich damals überraschte war das deutsche Flair, das sie ausstrahlte. Die Straßen trugen deutsche Namen, wie z. B. Kaiserstrasse. Windhoek liegt im Hochland, zwischen Bergen, im geographischen Herzen Namibias. Anfangs diente sie deutschen Schutztruppen als Hauptquartier. Später wurde sie die administrative Hauptstadt von Deutsch-Südwest-Afrika. Obwohl wir das Gefühl hatten, uns irgendwo am Ende der Welt zu befinden, galt selbst in einfachen Lokalen in Südwestafrika Krawattenzwang. Die Menschen, die hier lebten, kleideten sich zum Ausgehen in ihre besten Roben. Wann sonst hätten sie die Gelegenheit dazu gehabt, die Alltagskleidung gegen etwas Festliches auszutauschen?

Deutsch-Südwest-Afrika war von 1884 bis 1915 eine deutsche Kolonie. Die ersten Siedler beschäftigten sich in der Hauptsache mit der Viehwirtschaft. Als Bodenschätze wie Kupfer, Diamanten und Marmor nachgewiesen wurden, wollte auch das Deutsche Kaiserreich davon profitieren. Marmor aus dem deutschen Schutzgebiet wurde auf Schiffe verladen und in die Heimat transportiert. Die Hoffnung auf Goldvorkommen sollte sich nur im geringen Masse erfüllen. Vor der Inbesitznahme durch die Deutschen lebten in Südwest etwa 80.000 Herero, 60.000 Owambo, 35.000 Damara und 20.000 Nama. Um mehr Siedler ins Land zu holen, wurde 1885 die „Deutsche Kolonialgesellschaft" in Südwest-Afrika gegründet. Die Verteilung der an die Siedler verpachteten Ländereien wurde ohne Rücksicht auf die Stammesgebiete vorgenommen, was unweigerlich zu Spannungen führte. Von 1904 bis 1908 kamen bei einem Vernichtungskrieg 60.000 bis 70.000 indigene Männer, Frauen der und Kinder ums Leben.

Heute lebt in Namibia eine Mischung von vielen Ethnien, die sich aus den unterschiedlichsten Stämmen wie Owambo, Kavango, Herero, Damara, Caprivians, Namas und San zusammensetzen. Zu ihnen gesellen sich Europäer und gemischtrassige Menschen. Die gut aussehenden

Ureinwohner vom Herero-Stamm hatten es mir besonders angetan. Die groß gewachsenen Frauen steckten in langen wallenden und überaus farbenprächtigen Gewändern mit künstlerisch gestalteten Kopfbedeckungen, die einem Turban mit Hörnern und einem flachen Sonnenschutz glichen. Das Erstaunlichste war, dass man oft akzentfrei auf Deutsch angesprochen wurde. Am Anfang war es irritierend, wenn die dunkelhäutigen Angestellten im Café im reinsten Deutsch fragten: „Möchten Sie ein Kännchen oder eine Tasse Kaffee zu Ihrem Kuchen?"

Von Walfishbay aus, wo verrostete Walfischfänger-Schiffe an der Küste lagen, bestiegen wir die Hügel der Namib-Wüste, eine faszinierende Dünenlandschaft, die sich durch Windverwehungen ständig verändert. Die Oberfläche der Sandhügel kann tagsüber über 70 Grad Celsius heiß werden, trotzdem bietet dieses Wüstengebiet vielen Lebewesen einen Lebensraum. Inmitten dieser golden strahlenden Sandberge entdeckten wir beim Umherwandern einen See, der von einer riesigen Flamingo-Kolonie bevölkert war. Die Farbkombination des blauen Himmels, der golden glänzenden Sanddünen zusammen mit dem tiefen Rosa der Flamingos war ergreifend schön. Als wir näher kamen, erhoben sich die Flamingos nach und nach in einer rosafarbene Welle und stoben mit viel Geschrei wie eine rötlich schimmernde Wolke davon.

An der nahe gelegenen Atlantik-Küste suchten Flamingos, Marabus und andere Vögel im seichten Wasser nach Nahrung. Als wir uns näherten, flogen sie mit den Pelikanen und Möwen davon. Zum Glück machten sich die kleinen unerschrockenen Pinguine, die ebenfalls an diesem einsamen Strand zu Hause sind, nicht aus dem Staub. So hatten wir die Möglichkeit, sie eine ganze Weile aus der Nähe zu betrachten. Sie bewegten sich in kleinen Trippelschritten und kommunizierten spielerisch miteinander.

Wir bewegten uns weiter nach Süden und streiften das Massiv der Brandberge, dessen höchster Gipfel, der Königstein, 2.573 Meter hoch ist. Leider machten wir hier keinen Halt und so verpassten wir die Buschmann-Zeichnungen, die sich im Brandberg-Gebirge in der Tsisab Schlucht befinden und die berühmte „White Lady", die eigentlich ein Jäger ist. Diese Menschen- und Tierdarstellungen zeugen davon, dass Namibia zu den ältesten Siedlungsräumen der Menschheit gezählt werden kann.

Da wir die „White Lady" aus Zeitgründen ausgelassen hatten, suchten wir stattdessen den versteinerten Wald auf, der auf unserem Weg lag. Um in diesen „Petrifyed Forest" zu gelangen, benötigten wir eine Genehmigung, die wir uns in einem kleinen Dorf erst besorgen, und dafür selbstverständlich eine Gebühr bezahlen mussten. Ich erinnere mich an unwegsames Gelände, bei dem unser Peugeot, der von einem Schlagloch ins andere geriet, fast schlapp machte. Dicke Gesteinsbrocken donnerten gegen den Unterboden des Fahrzeugs, der zum Glück heil blieb. Wir hatten ca. 30 bis 50 Kilometer zu bewältigen, um zu den 300 Millionen Jahre alten Baumstämme zu gelangen, wofür wir Stunden benötigten. Bei der Ankunft waren wir völlig durchgerüttelt. Trotzdem hatte sich der Ausflug gelohnt. Die versteinerten Baumstämme, die hier herumlagen, hatten sich im Laufe von Jahrmillionen optisch nicht verändert. Sie sahen aus wie richtige Baumstämme, die sich beim Anfassen jedoch wie Metall anfühlten.

Auf dieser Reise statteten wir dem „Finger Gottes" einen Besuch ab und kletterten ein Stück an dem schmalen Grat des Sandsteinfelsens hoch. Kurze Zeit nach der Besichtigung brach er an seiner engsten Stelle ab und war auf immer zerstört.

Der Fish-River-Canyon, der nur ein etwas geringeres Ausmaß als der Grand Canyon in den USA hat, zog uns in seinen Bann. Da im Winter kein Regen fällt, war sein Flusslauf im Innern des Canyon ausgetrocknet. Wir genossen die Ruhe, blickten in die endlose, menschenleere Ferne und bestaunten das unendliche Blau des Himmels. Wir fühlten uns, als seien wir die einzigen Lebewesen auf Erden. Das Gefühl änderte sich schlagartig. In weiter Ferne hatte sich am Horizont eine Staubwolke gebildet, die immer näher kam. Schließlich entpuppte sich unsere Fata Morgana als weißer Mercedes, dem zwei junge Männer entstiegen. Als sie näher kamen, erkannten wir an ihrem Dialekt, dass sie aus Schwaben stammten. So hatten sich am vermeintlichen Ende der Welt zufällig Landsleute getroffen.

Als sich ein aufregender und eindrucksvoller Tag seinem Ende neigte, machten wir in einer kleinen Ortschaft halt, die uns unser Reiseführer wärmstens empfohlen hatte, Grünau. Der Ort Grünau, der in einer endlos weiten Ebene liegt, bestand damals aus einer Tankstelle, einer Eisenbahnstation und einem alten verfallenden Hotel. Wir konnten beim besten Willen keine Besonderheiten erkennen. Da es weit und breit keinen anderen Ort oder ein weiteres Hotel gab, blieb uns nichts anderes übrig, als hier zu übernachten. Weil wir von der Tagesfahrt gänzlich verschwitzt und verstaubt waren, inspizierten wir als Erstes die Dusche in unserem Zimmer. Vermutlich war die Duschkabine kurz zuvor mit Insektenspray behandelt worden, denn hier lagen unzählige tote Kakerlaken. Wir verzichteten auf ein erfrischendes Duschbad. In unserem Zimmer sah es nicht anders aus, wir mussten höllisch aufpassen, um nicht auf die toten Viecher zu treten, die unter der Schuhsohle ein knackendes Geräusch hervorriefen. Selbst auf unserem Nachtlager befanden sich etliche ermordete Cucarachas, die eine stattliche Größe besaßen. Entsetzt befreiten wir die grauen Bettlaken von den Leichen und schliefen in dieser Nacht angezogen in unseren verstaubten Kleidern, ohne uns mit dem Laken zuzudecken. Bei jeder Bewegung dachte ich im Halbschlaf, ich würde einen überlebenden Nachzügler erdrücken.

Zum Abendessen wurden wir in den Salon des Hotels gebeten, wo bereits ein Tisch für uns reserviert war. Obwohl wir die einzigen Gäste waren, schickte der schwarze Oberkellner, der auch der einzige Kellner war, Sebastian mit dem Hinweis zurück ins Zimmer, er möge sich eine Krawatte umbinden. Der dunkelhäutige Angestellte, der im Hotel anscheinend Mädchen für alles war, hatte sich zum Servieren zu seinem abgewetzten dunklen Anzug, der an vielen Stellen glänzte, eine Schärpe quer über die Brust gelegt. Die Suppe servierte er in Baumwollhandschuhen, die einmal weiß gewesen waren. An den Handschuhen fehlten die Finger und die Enden, die seine Fingernägel freigaben, waren ausgefranst. Als der „Boy" die Suppe vor uns hinstellte, waren seine Daumen tief im Tellerinnern versenkt und tränkten an dieser Stelle seine zerschlissenen Baumwollhandschuhe mit Fett. Dem armen Oberkellner passierten noch einige Missgeschicke und ich kam mir vor wie ein Statist in einem Slapstick-Film. Am schlimmsten jedoch wurde die Nacht. Mir grauste vor den Tieren, die von dem Giftspray nicht eingegangen waren. Ungewaschen, notdürftig gekämmt und ohne Frühstück setzten wir am nächsten Morgen in aller Frühe unsere Reise fort.

Während der Reise hatten wir ständigen Kontakt mit der schwarzen Bevölkerung. An den Tankstellen oder in den Restaurants sprach Sebastian immer freundlich mit den Einheimischen. Er scherzte mit ihnen und entlockte ihnen oft ein herzhaftes Lachen. Dann strahlten dunkle Augen aus den runden Gesichter und die Münder gaben zwei schneeweiße, wohlgeformte Zahnreihen frei. Manchmal winkten freundliche Menschen noch lange hinter uns her.

Irgendwann gelangten wir nach Kapstadt. Die Stadt, die wunderschön am Fuße des Tafelbergs gelegen ist, strahlte ein Postkarten-Flair aus. Vor wenigen Jahren hatte hier die erste Herztransplantation Kapstadt weltberühmt gemacht.

Noch am selben Tag fuhren wir mit der Seilbahn auf das Hochplateau des über eintausend Meter hohen Tafelbergs und bewunderten die Aussicht. Ich hatte nicht geahnt, dass es hier im August so kalt sein würde. Winterkleidung hatte ich keine dabei. Es schneite auf dem Tafelberg und die Wasserpfützen in den Steinmulden waren zu eisigen Spiegeln erstarrt. Amerikanische Touristen, deren Schiff im Hafen lag, wunderten sich ebenfalls über diesen unerwarteten Wintereinbruch.

Wir wohnten im „Elizabeth-Hotel" im schönen Stadtteil Sea Point, das direkt an der Strand-Straße lag. Nach den vielen rustikalen Übernachtungen tat ein wenig Luxus wohl. Auf Meereshöhe war es auch wieder sommerlich warm. Die ansehnlichen, zwei oder drei Stockwerke hohen Häuser der Strandpromenade, die teilweise im viktorianischen Stil erbaut worden waren, glänzten in zarten Pastelltönen im Sonnenlicht. Von hier aus hatte man einen direkten Blick auf die nahe gelegene Insel „Robben Island". Der Name Nelson Mandela, der dort inhaftiert war, war uns damals selbstverständlich ein Begriff. Obwohl die Insel vom Festland zu sehen ist, war es für die Häftlinge unmöglich, die Insel zu verlassen Das Wasser war eisig, außerdem wimmelte es hier von Haien. Mandela musste sich noch knappe 20 Jahre gedulden, bis er die Gefangeneninsel verlassen konnte.

Wir blieben nur wenige Tage in Kapstadt und fuhren dann über die „Garden Route" in Richtung Johannesburg. Unterwegs legten wir einen zweitägigen Halt in Outshoorn ein. Die kleine gemütliche Stadt liegt etwas von der Küste entfernt im Landesinnern. Sie ist von herrlichen Bergen umgeben und hat mich durch ihr gesamtes Ambiente tief beeindruckt. Das milde Klima erfüllte mich mit Wohlbehagen. Am Abend lagen die Berge im warmen rötlichen Licht der untergehenden Sonne, dann setzten sich die Konturen des Gebirges gegen den Dämmerhimmel besonders markant ab.

Natürlich besuchten wir eine der vielen Straußenfarmen und ließen uns von einem Angestellten die Besonderheiten der langbeinigen Vögel erklären. Ich war erstaunt zu hören, dass die riesigen Vögel trotz ihrer ausladenden Schwingen flugunfähig sind und ursprünglich von der Sahara aus in den Süden des afrikanischen Kontinents gelangt sind.

Straußenfarm-Mitarbeiter schwangen sich zur Gaudi auf die Rücken der langhalsigen Tiere und veranstalteten Wettrennen. Dann durften die Touristen ihr Glück auf dem Straußenrücken versuchen. Ein Angestellter der Farm, ein Bure, erklärte uns ausführlich, welche Federn in der Mode oder im Haushalt Verwendung finden. Er langte mit dem Arm in den Schlund des Federviehs, um zu demonstrieren, wie dehnbar das Halsgewebe der Strauße sei. Natürlich blieben Schleim und Essensreste an seinem Arm hängen, was ihn nicht daran hinderte, sich kurze Zeit später mit einem kräftigen Handschlag von uns zu verabschieden. Dann gab es eine Kostprobe von getrocknetem Straußenfleisch (Bilton), bevor wir uns mit typischen Souvenirs eindeckten. Für meine Mutter erstand ich einen leicht zu transportierenden Staubwedel aus echten, edlen Straußenfedern.

Dann besuchten wir die in der Nähe gelegenen Cango Caves, die zu den schönsten Höhlensystemen der Welt gezählt werden. Flackerndes Kerzenlicht beleuchtete das Innere der Höhlen und machte sie zu einer geheimnisvollen Zauberwelt

In Johannesburg hatte ich kurz vor meiner Reise nach Südwest alle Zelte abgebrochen. Die Tage bis zu meiner Abreise blieb ich bei Sebs, der in Hillbrow ein geräumiges Flat bewohnte. Er lebte damals in dem neuen und eleganten Glasgebäude, das den bedeutsamen Namen „The Statesman" trug und gleich in der Nähe des Fernsehturms lag. Mit seinen

16 Stockwerken war es das höchste und modernste Gebäude in Hillbrow. Für meinen bevorstehenden kurzen Aufenthalt in New York hatte ich mir bereits Wochen zuvor im amerikanischen Konsulat ein Touristenvisum ausstellen lassen, was mit einigen Schwierigkeiten verbunden gewesen war. Mehrmals musste ich dort erscheinen und schriftlich erklären, was ich in den USA wollte und wieso ich als Deutsche in Südafrika gelebt hatte. Mir schien, dass die Amerikaner mit der Apartheids-Politik nicht einverstanden waren. Wieso ließen sie ihren Unmut an mir, einer kleinen, unbedeutenden Person aus? In Amerika stellte ich später fest, dass Rassismus bei einem Großteil der weißen Bevölkerung an der Tagesordnung ist.

Bei meiner brasilianischen Freundin, die in Johannesburg in einem Reisebüro gearbeitet hatte, hatte ich bereits kurz vor ihrer Abreise nach Rio eine Rundreise gebucht. Der Flug sollte von Johannesburg aus von Rio über New York, Frankfurt und wieder zurück nach Johannesburg gehen. Da ich geplant hatte, meine Zelte in Südafrika abzubrechen, wollte ich die gebuchte Strecke von Frankfurt zurück nach Johannesburg verfallen lassen. Aber es kam dann ganz anders.

Je näher der Abreisetag rückte, desto schwerer fiel mir der Abschied. Am Abend vor meinem Abflug nach Brasilien lud mich Sebs zum Abendessen in das sich drehende Fernsehturm-Restaurant in Hillbrow ein. Damals wussten wir noch nicht, dass sich von jetzt an unser Leben grundlegend ändern sollte. Wir versprachen uns, uns recht bald in Deutschland wieder zu treffen, denn im Oktober hatte er dort geschäftlich zu tun.

Abschied: Eindrücke von Ipanema und New York

Am 3. September 1972 bestieg ich das Flugzeug nach Brasilien. In Angolas Hauptstadt, Luanda, legten wir einen Zwischenstopp ein, dann flog die Maschine der Varig Airline weiter nach Rio. Meine Freundin Karin, die bereits drei Monate zuvor Johannesburg verlassen hatte, holte mich am Flughafen ab. Karin lebte nach ihren mehrjährigen Auslandsaufenthalten wieder bei ihren Eltern, die in Ipanema ein geräumiges Apartment besaßen und mich für die Dauer von drei Wochen herzlich aufnahmen.

Südamerika hat mich immer wieder wegen seiner großzügigen Menschen beeindruckt. Auch die ausladende und geräumige Wohnung meiner Gastgeber überraschte mich. Jedes Schlafzimmer verfügte über ein eigenes Bad mit Einbauschränken. Das Hauptbad, das nur vom Elternschlafzimmer aus zu begehen war, war hell, luftig, geräumig und mit erlesenem hellem Marmor ausgestattet. Die übrigen Bäder waren mit geschmackvollen farbigen Kacheln dekoriert. Mit der Erlaubnis von Karins

Eltern durfte ich mich einmal in ihrer im Boden eingelassenen Badewanne aalen. Die riesige Marmorwanne, in die ein paar Stufen hinabführten, befand sich in der Mitte des Raumes. Vom Bad aus konnte man durch die großen Fenster, die tagsüber viel Licht spendeten, in die freie Natur schauen. Eine ganze Wand war mit einem weißen Lamellen-Einbauschrank ausgefüllt, der viel Platz bot für Badetücher, Kosmetika und andere Utensilien. Ein breiter Spiegel verlieh dem ohnehin großen Raum noch mehr Tiefe. Auch die Duschkabine war großzügig geschnitten. Wegen der tropischen Hitze duschten die Menschen mehrmals täglich.

Von Karins Zimmer, das ich während meines Rio-Aufenthalts bewohnte, fiel mein Blick direkt auf die Strandstraße mit dem breiten Sandstrand und dem endlos blauen Meer. Für das leibliche Wohl und den Haushalt der Familie sorgten zwei Angestellte. Was mich in Brasilien sehr beeindruckte war die Tatsache, dass bei jedem Essen immer ein zusätzliches Gedeck aufgetragen wurde. Das war für den Gast gedacht, der eventuell noch kommen könnte. Immer wurden mittags als Vorspeise schwarze Bohnen mit Reis serviert. Meistens war ich nach dieser ungewohnten Mahlzeit mehr als satt.

Wenige Tage nach meiner Ankunft im September 1972 saßen wir zu dritt, Karin, ihre Mutter und ich, auf dem Ehebett im Elternschlafzimmer, als in den Radionachrichten von dem schrecklichen Attentat, das in München bei den Olympischen Spielen verübt worden war, die Rede war. Uns allen stockte der Atem.

Da Karin auf ihrer neuen Stelle nicht fehlen durfte, stürzte ich mich ganz alleine ins Gewühl der fremden Stadt. Natürlich nahm ich auch an ein paar geführten Touristenausflügen teil, um die wichtigsten Sehenswürdigkeiten von Rio kennenzulernen. Manchmal lag ich nur am nahen Strand. Wenn ich mich in die überfüllten Linienbusse drängte, die ins Zentrum fuhren, war ich erstaunt darüber, dass sich Schwarz und Weiß mischte und alle denselben Bus benutzten. Es herrschte ein fröhliches Stimmengewirr, ohne jede Scheu lachten und schwatzten alle durcheinander. Pärchen verschiedener Rasse schlenderten Händchen haltend durch die Stadt. Dieses Selbstverständnis, mit dem Menschen der unterschiedlichsten Hautfarben miteinander umgingen, war für mich nach knapp zwei Jahren Apartheid in Südafrika, eine wahre Freude. Als mich Karin eines Tages mit zu ihrer dunkelhäutigen Schneiderin nahm, überraschte diese mich mit einer herzlichen Umarmung und einem Wangenkuss.

Natürlich herrschte in Rio auch große Armut, die Favelas waren nicht zu übersehen. Die farbigen Bewohner dieser armseligen Behausungen waren aber nicht wie in Südafrika per Gesetz herabgestuft zu rechtlosen Sklaven, bar jeder Würde. An den Wochenenden beherrschte Rio in vielen Stadtteilen ein buntes Markttreiben. Hier war es farbig, fröhlich und laut. Menschen aller Rassen strahlten ganz einfach nur Lebensfreude aus. Plötzlich wurde mir klar, was Südafrika fehlte: Das Miteinander aller Ethnien.

Südafrikas weiße Regierung versuchte mit intensiver Verbissenheit, den schwarzen Afrikanern die burische Kultur, Religion und Denkweise aufzuzwingen. Gehorsam, Zucht und Ordnung verlangten die Buren von ihren schwarzen Landsleuten. Sie selbst sahen sich nie als Menschenschinder, sondern ihre Religion rechtfertigte all ihr Handeln. Nach ihrer Interpretation der Bibel gibt es Herren und Knechte auf der Welt. So konnten die Buren die Urbevölkerung zu Leibeigenen machen und sie demütigen, knechten, entwürdigen, sie schlagen und ermorden.

Der schwarzen Bevölkerung war im Rahmen des Horror-Systems der Apartheid eine Schulbildung meistens verwehrt. Schwarze hatten keine politischen Rechte und konnten sich in ihrem eigenen Land nicht frei bewegen. Unter extrem ausbeuterischen Bedingungen arbeiteten Schwarze in den Minen. Im Krankheitsfall erhielten sie keine Unterstützung. Wenn ein Arbeiter verstarb, wurde er umgehend und ohne viel Federlesens durch einen anderen gesunden und kräftigen Mann ersetzt.

In dieser freudlosen und ständig gewaltbereiten Atmosphäre eines Unrechtssystems konnte keine gemeinsame Kreativität entstehen. Südafrika hatte sich durch den Apartheidsstaat selbst blockiert und sich seiner eigenen Seele entledigt. All dies ging mir durch den Kopf, als ich in Brasilien unterwegs war.

An einem Wochenende fuhren wir mit Karins Freunden nach Cabo Frio, einem paradiesischen Ort, der damals nur von gutbetuchter Prominenz wie der Schauspielerin Brigitte Bardot besucht wurde. An den schneeweißen langen Stränden mit türkis-grünem Wasser tummelten sich die Jugendlichen aus der Großstadt Rio. Ich fühlte mich zwischen den gebräunten, gut gebauten und selbstbewussten Gestalten wie eine graue Maus.

Mehrmals hatte ich in Rio gemerkt, dass mein Kreislauf instabil war und führte das auf den Klimawechsel und den Höhenunterschied zurück. Als ich mich nach drei Wochen auf den Weg nach New York machte, hatte sich diese Kreislaufschwäche verschlimmert. Meine Freundin half mir beim Kofferpacken und eine Schar von jungen Leuten begleitete mich in Rio zum Flughafen.

In New York war ein preisgünstiges Zimmer für mich reserviert worden in einem Hotel, das von Portugiesen betrieben wurde und den Vorteil hatte, dass es sich im Zentrum der Stadt befand. Vom Fenster konnte ich einen Teil des Empire State Building sehen, vieles konnte ich von hier aus alleine und vor allem zu Fuß besichtigen. Ich unternahm auch einige geführte Tagesausflüge.

In New York geriet ich im September 1972 in die Premiere des Films „Godfather", wo ich die Nachmittagsvorstellung besuchte, denn man hatte mich davor gewarnt, bei Nacht in der Stadt herumzulaufen. Ich hielt mich an den gut gemeinten Ratschlag und verriegelte auch sorgfältig meine Zimmertür. Im Hotelzimmer, das recht geräumig war, über ein ordentliches Bett verfügte und eine saubere Dusche besaß, dachte ich über den Mafia-Film nach und kam zu dem Schluß, dass er zu brutal für mich war.

Alles in allem hatte ich abwechslungsreiche Tage in der internationalen Metropole erlebt, auch wenn ich mich zwischendurch so elend fühlte, dass ich mich am liebsten im Bett verkrochen hätte. Aber ich war ja hierher gekommen, um die Welt kennenzulernen. Von Rassenproblemen habe ich in der kurzen Zeit meines Aufenthaltes in New York nichts bemerkt. Menschen aller Hautfarben entströmten den U-Bahnschächte, fuhren Taxi oder Auto oder bummelten ganz einfach durch die Stadt. Man muss wohl länger in einer Stadt leben, um sich ein Urteil über die Gesellschaftsprobleme zu erlauben. Nach einer knappen Woche des Staunens verließ ich das Land der unbegrenzten Möglichkeiten.

RÜCKKEHR NACH JOHANNESBURG

Empfang mit einem Strauss roter Rosen

Die Schicksalswelle trug mich Ende November 1972 wieder nach Johannesburg zurück. Mein Status hatte sich inzwischen geändert, ich hatte in Deutschland geheiratet. Kaum war ich im Spätsommer nach meiner kleinen Weltreise in Deutschland eingetroffen, da rief Sebastian an und zwei Tage später stand er vor der Tür. Wir freuten uns riesig über unser Wiedersehen.

Gemeinsam fuhren wir quer durch Deutschland. Unsere Endstation waren seine Eltern, wo wir uns eine Woche lang aufhielten und unsere bevorstehende Hochzeit besprachen. Da Sebastian am 4. November einen Termin in Lagos, der Hauptstadt Nigerias, hatte, wo er sich drei Wochen geschäftlich aufhalten würde, waren wir gezwungen uns mit der Beschaffung der Heiratspapiere zu beeilen. Es dauerte eine Weile, bis alle Dokumente beisammen waren, dann reichte die Zeit für den einwöchigen Aushang des Aufgebots nicht aus und der Standesbeamte machte mit einem Drei-Tage-Aushang eine Ausnahme. Am 3. November 1972 heirateten Sebastian und ich im kleinen Familienkreis. Am nächsten Morgen wurde er in aller Frühe vom Fahrer seiner Firma abgeholt und nach Frankfurt zum Flughafen gefahren. Gegen Mittag rief er von dort an, um mir mitzuteilen, dass sein Flugzeug wegen Nebels nicht starten könne. Erst am späten Abend, als sich der Nebel gelichtet hatte, konnte der Flug beginnen. Ich benötigte die nächsten drei Wochen, um mich auf meine Rückkehr nach Johannesburg vorzubereiten. Am 26. November stand ich Sebs am Jan Smuts Flughafen gegenüber, er erwartete mich dort voller Ungeduld mit einem Strauß roter Rosen.

Eine Woche nach meiner Ankunft holten wir unsere Hochzeitsreise nach, die uns nach Eastern Transvaal und den Krugerpark führte. Den Nationalpark hatte ich schon vorher im Rahmen einer Bustour besucht, aber jetzt konnten wir im privaten Auto anhalten, wo immer wir wollten. In dem riesigen Wildpark fielen die wenigen Besucher kaum auf, uns begegneten nur einige Ranger, die auf den schmalen Staubstrassen unterwegs waren. Die Tiere, die wir zwischen dem trockenen Buschwerk entdeckten, waren sehr scheu. Als wir anhielten, um ein Springbock-Herde zu beobachten, sprangen sie aufgeschreckt in großen Sätzen davon und machten ihrem Namen alle Ehre. Elefanten sahen wir nur aus großer Entfernung. Nur die Giraffen überquerten gemächlich die Sandstrasse, auf der wir unterwegs waren und ließen sich nicht stören. Es war eine herrliche Reise, die ich in vollen Zügen genoss. Ich freute mich, wieder in Südafrika zu sein. Die Kostprobe vom deutschen Winter hatte mir gereicht.

Da ich inzwischen schwanger war, begaben wir uns im Dezember auf die Suche nach einer neuen und größeren Wohnung. Das Flat in Hillbrow würde für drei Personen zu klein werden, außerdem wollten wir an den Stadtrand ziehen, wo die Luft besser war. Ganz schnell fanden wir in Randburg ein Reihenhaus, das ganz nach unserem Geschmack war. Die beiden langen Häuserreihen waren im spanischen Stil erbaut und hießen „Tarragona-" und „Malaga-Flats". Die einzelnen Hauseingänge befanden sich in einem langen, überdachten Gang, auf der anderen Seite der Gebäudereihe befanden sich die Garagen der Hausbewohner. Zwischen den einzelnen Garagen lag der jeweilige Wäschetrockenplatz der Mieter. An der Vorderseite hatte jede Familie einen kleinen privaten Garten, der nicht besonders groß war, aber für ein paar Pflanzen, zum Grillen des südafrikanischen Nationalgerichts, der „Boerewors", und zum Sonnenbaden reichte dieser Miniatur-Garten allemal. Eine schmale Einfahrtsstrasse für Anlieger trennte die beiden langen Gebäudereihen. Am Eingang wurden diese beiden parallel liegenden Reihenhausanlagen durch einen flachen Querbau verbunden, der den Bewohnern als Spiel- oder Festraum diente. Hier konnte man Kindergeburtstage abhalten oder sich gemeinsam geliehene Filme auf der Leinwand ansehen, denn Fernsehen gab es damals in Südafrika noch nicht. Manchmal kam es dort ganz einfach zu lockeren

Begegnungen der Anwohner. Jeder brachte etwas zu Essen und zu Trinken mit, Musik und Tanz sorgten automatisch für gute Stimmung. Es kam vor, dass auch wir an diesen bunten Abenden teilnahmen, denn von hier aus konnte man zwischendurch rasch nach dem Nachwuchs sehen. Manchmal sprangen nach größerem Alkoholgenuss einige in voller Abendmontur in den gleich nebenan liegenden Swimmingpool. Sebs, der in der Nähe unserer Wohnung arbeitete, musste sich nicht mehr täglich mühsam durch den dichten Stadtverkehr quälen.

Mitte Januar sollte der Umzug in unser Reihenhaus stattfinden. Die Weihnachtsfeiertage verbrachten wir in Natal. Die Provinz Natal hatte ihren Namen 1497 von Vasco da Gama erhalten, der die Küste an Weihnachten entdeckte. 1843 wurde Natal eine britische Kolonie. Ab 1860 bauten von den Engländern eingeführte indische Arbeitskräfte die Eisenbahnstrecken in der Provinz. Mit der Einbindung in das südafrikanische Eisenbahnnetz wurde Durban zum wichtigsten Handelshafen Südafrikas.

Unsere Freunde, die zuvor in Krügersdorp bei Johannesburg gelebt hatten, waren inzwischen nach Hillcrest in Natal umgezogen. Die nächst größere Stadt war Pinetown. Sie lebten in einem netten, kleinen Haus, das mitten im Busch lag, was mir zunächst ganz romantisch erschien. Sie wohnten in völliger Abgeschiedenheit und etliche Kilometer vom nächsten Ort oder einem Shoppingcenter entfernt. Hier in der Wildnis, weit ab von Weihnachtshektik und Einkaufs-Stress, erlebten Sebs und ich das erste gemeinsame Weihnachtsfest. An diesem 24. Dezember wurde nicht nur die Geburt Christi gefeiert, sondern zusätzlich noch der 29. Geburtstag unserer Gastgeberin Heidi. Sie hatte an diesem Tag reichlich zu tun, denn es wurden am Abend noch weitere Gäste erwartet. Beim Schmücken des Christbaums stellten wir fest, dass sich alle Kerzen unter der tropischen Hitze verbogen hatten. Es blieb uns nichts anderes übrig, als sie so krumm und schief, wie sie in der Wärme geworden waren, am Baum zu befestigen. Weihnachten wird, anders als in Deutschland, anderswo immer viel unverkrampfter gefeiert, darum blieb die Atmosphäre trotz der Kerzenpanne entspannt. Am ersten Weihnachtstag hörten wir spät abends die „Deutsche Welle" im Radio. Dort sendete man für deutsche Seeleute, die sich fern der Heimat auf hoher See aufhielten, "Grüße aus dem Heimathafen", also Radio-Funk-Weihnachtsgrüße der Familien. Als dann noch die altbekannten Weihnachtslieder gespielt wurden, schlich sich plötzlich eine sentimentale Stimmung, eine Art Heimweh, ein.

In den Tagen, die wir im Assegai-Valley verbrachten, fuhren wir durch das unbeschreiblich schöne Tal der Tausend Hügel. Die Zulus, die in dieser Gegend wohnen, leben in einer unbeschreiblich üppigen und grünen Landschaft. Beim Geräusch unseres Motors kamen stets Kinder auf die

Straße gerannt, die uns freundlich zuwinkten. Manche von ihnen trugen Röcke aus langen grünen Blättern und führten Stammes-Tänze auf. Zum Glück hatten wir bei dieser Überlandfahrt Süßigkeiten und Obst dabei, über die sich die Kinder freuten. Wir staunten nicht schlecht. Wenn wir unsere Mitbringsel an fünf oder sechs Kinder am Wegrand verteilt hatten, hatten sich ein paar Meter weiter Dutzende weitere Kinder vor unserem Auto aufgebaut, die uns aus großen Augen anstrahlten.

Wenn uns nach einer frischen Meeresbrise zumute war, fuhren wir von Hillcrest nach Durban, was mit dem Auto schnell zu bewältigen ist. Meist bummelten wir am endlosen Strand von Umhlanga Rocks, wo man einen wundervollen Blick auf die im gleißenden Sonnenlicht aufblitzenden und schimmernden Häuser von Durbans Strandpromenade hat. Als ich mich einige Jahre später in Brighton, in England, aufhielt, hatte ich den Eindruck, dass sich die Strandpromenaden und der Stil der Häuser beider Städte glichen, zumindest in den siebziger Jahren.

Da unsere Freunde Silvester eingeladen waren, blieben wir alleine in ihrem Haus in Hillcrest. Eigentlich wäre es in dieser paradiesischen Einsamkeit wunderschön gewesen, wenn die Nächte nicht so viele fremde Geräusche mit sich gebracht hätten. Es gab kein Telefon und bis zum nächsten Haus hätten wir etliche Kilometer zurücklegen müssen. Als sich mitten in der Nacht ein Gewitter entlud, trommelte der Regen unaufhörlich auf das Wellblechdach. Vom Sturm abgerissenen Äste donnerten auf das mitten im Wald stehende Haus. Büsche bewegten sich im Wind, die im gedämpften Licht einer Lampe unheimliche Schatten warfen, so dass man ständig eine oder mehrere fremde Personen vor dem Haus vermutete. Der Sturm ließ Türen klappern und es zog durch die Fensterritzen. Dazu kamen die Kakerlaken, die nachts im Bad auftauchten und von beachtlicher Größe waren. Wie wäre eine Schlange im Haus zu handhaben, die sich vor der Nässe in Sicherheit bringen wollte? Es war einfach gespenstisch, alleine in diesem Haus zu leben.

Ich habe Heidi dafür bewundert, dass sie mit ihren Kindern alleine zurecht kam, wenn ihr Mann auf Geschäftsreise war. Die beiden damals fünf und siebenjährigen Kinder genossen ihr kleines Paradies, sie liefen den ganzen Tag barfuss durch das Gelände. Ihnen ist nie etwas zugestoßen. Nur einmal hatte sich eine recht stattliche Schlange in die Küche unserer Gastgeberin verirrt. Heidi griff, ohne zu zögern, nach einem zufällig in der Nähe stehenden Spaten und teilte das Tier in zwei Teile. Der Gärtner identifizierte die Schlange als hochgiftig. Solche Geschichten gingen mir durch den Kopf und machten die Nachtstunden zum gelebten Albtraum. So beschlossen wir am nächsten Tag, nach Johannesburg zurückzufahren. Wir verstauten unser Gepäck im Kofferraum unseres

Autos, deponierten den Hausschlüssel in seinem Versteck und begaben uns auf die Heimreise.

Auf der Hälfte der Strecke blieb unser Fahrzeug stehen. Es gab weit und breit kein Telefon, keine Tankstelle, keine Werkstatt. Es fehlte jede Möglichkeit, einen Pannendienst zu verständigen und wegen der Feiertage herrschte kaum Verkehr auf unserer Fahrroute. So standen wir geraume Zeit in der brütenden Mittagshitze, bis sich ein zufällig vorbeifahrender Autofahrer anbot, in der Umgebung nach irgendeiner Hilfe Ausschau zu halten. Wir hatten nicht damit gerechnet, so lange unterwegs zu sein und waren ohne Proviant und Wasser losgefahren. Nicht nur die Schwangerschaft machte mir zu schaffen, auch Hitze und Durst setzten mir zu. Ich sehnte mich nur noch nach meinen eigenen vier Wänden.

Nach unendlich langer Zeit hielt neben uns plötzlich ein Abschleppgefährt. Ein bulliger Afrikaaner mit urigem Oberlippenbart untersuchte die Innereien unseres Autos, konnte jedoch den Schaden nicht an Ort und Stelle beheben. Der Wagen musste in seiner Werkstatt repariert werden, was einige Tage in Anspruch nehmen würde. Der wildfremde Mann bot uns freundlich an, bei ihm zu Hause auf seiner Farm zu übernachten. Als er unser Auto an seinem Abschleppwagen befestigt hatte und wir zu dritt im Führerhaus saßen, erzählte er uns von seiner Farm, die so entlegen war, dass man über keinen Strom verfügte, sondern Petroleumlampen einsetzen musste. Er hatte sechs oder sieben Kinder und schwärmte vom Wohlgeschmack der Milch, wenn sie frisch und warm aus dem Kuheuter kommt. Alarmiert durch meine schreckensweiten Augen fragte Sebastian unseren Helfer, ob es nicht noch andere Möglichkeiten gäbe, nach Jo´burg zu gelangen. Er bot uns an, dass wir seinen unbequemen Abschleppwagen für die relativ weite Fahrt benutzen und ihn in den nächsten Tagen nach der Reparatur unseres Autos zurückbringen könnten. Mir erschien die Möglichkeit, noch am gleichen Tag nach Hause zu kommen, großartig. Aber war es für den Mann denn nicht ein großes Risiko, uns sein Gefährt zu überlassen? Er kannte uns nicht und konnte nicht sicher sein, ob er es je zurückbekommen würde. Darüber schien er sich selbst keine Gedanken zu machen: Weiße helfen einander, egal ob sie Ausländer sind oder nicht, nur bei Schwarzen hörte die spontane Hilfsbereitschaft auf.

Wir lieferten unseren Buren zu Hause ab. Dann kletterten wir rasch ins Führerhaus des klotzigen Gefährts, bevor uns die Frau des Farmers zum Bleiben überreden konnte. Aus dem hochgelegenen Führerhaus hatten wir eine herrliche Aussicht. Die Fahrt nach Johannesburg sollte noch recht lange dauern, denn schnell konnten wir mit dem Ungetüm nicht fahren. Es war bereits dunkel geworden, als wir Hillbrow erreichten. Ich war heilfroh, dass ich die Nacht nicht bei wildfremden Leuten verbringen musste. Als unser Auto repariert war, setzte sich Sebastian erneut in den Abschleppwagen, gab die freundliche Leihgabe ab, und kehrte mit dem eigenen Wagen wieder nach Hause zurück.

Umzug nach Northcliff: Familienalltag

Im neuen Jahr wurde es Zeit, für den Umzug zu packen. Möbel und Gardinen mussten für die neue Wohnung noch angeschafft werden und bei allem half unsere neue Freundin Brigitte, die wir kennengelernt hatten, als wir mit unseren Freunden eine nachträgliche Hochzeitsfeier veranstaltet hatten. Sie hatte bei unserem Fest den Mann fürs Leben kennengelernt und heiratete ihn kurze Zeit später. Brigitte kochte, nähte Gardinen und ich sah, dass sie eine rundum perfekte Hausfrau war. Ich bedauerte sehr, dass sie mit ihrem neuen Partner Südafrika verlassen würde, denn sie war neben ihren vielen Fähigkeiten auch eine gute Freundin.

Wir lebten uns gut in unserem neuen Zuhause ein, das in der unteren Etage aus einer Küche, der Gästetoilette, einem geräumigen Wohnzimmer mit Fußbodenheizung und dem angrenzenden Garten bestand. Im Obergeschoss befanden sich zwei Schlafzimmer, das Bad und ein überdachter Balkon. Die Räumlichkeiten waren geradezu ideal für eine kleine Familie, und so wohnten in der Nachbarschaft fast ausschließlich junge Europäer mit kleinen Kindern. Das Shoppingcenter war zu Fuß zu erreichen. Wir fuhren nur noch in die Stadt, wenn wichtige Dinge zu erledigen waren.

Da Sebs gerne klassische Musik hörte, die in Zimmerlautstärke nicht besonders beeindruckt, machten wir recht bald Bekanntschaft mit unserem unmittelbaren Nachbarn. Eines Sonntagmorgens, als Beethovens fünfte Symphonie erscholl, klingelte es an unserer Haustür. Unser Nachbar, Lehrer der Deutschen Schule in Johannesburg, klagte über die Lautstärke unserer Musik. Er wollte gleich von Anfang an klarstellen, dass er keine Ruhestörung dulden würde, auch wenn die Unruhe durch Werke bedeutender Tonkünstler um elf Uhr vormittags erfolgte. Die Mauern der Hauswände erwiesen sich tatsächlich als nicht gut isoliert. Die nachbarschaftliche Kritik hielt Sebastian nicht von seinem Faible für Musik ab. Zunächst gingen wir zu unseren direkten Nachbarn auf Distanz und grüßten nur knapp. Als wir wenige Wochen später bemerkten, dass auch unsere Nachbarin schwanger war, luden wir sie zum Kaffee ein und Gegeneinladungen blieben nicht aus. Nach der Geburt unserer Kinder, eine erfolgte im Mai, die andere im Juli, wurden wir zu guten Freunden.

Für unsere neue Wohnung hatten wir einem jungen Paar, das vor uns die Wohnung bewohnt hatte und nun nach Europa zog, einige Möbelstücke abgekauft. Bei der Übergabe des Mobiliars empfahl mir die junge Frau ihre Haushaltshilfe, die als Zulu dringend auf eine Arbeit angewiesen war. Eigentlich genügte mir die Reinigungskräfte, die in unseren Reihenhäusern arbeiteten. Deren Dienste waren im Mietpreis enthalten. Viel ist ihnen bestimmt nicht gezahlt worden. Ich sah diese Frauen, wenn ihnen am Freitag ihr Lohn ausgehändigt wurde. Dann standen sie in langen Warteschlangen im Freien und warteten auf den Afrikaans sprechenden Geldboten weißer Hautfarbe, der ihnen aus seinem VW-Bus ihren Wochenlohn in einem Umschlag herausreichte.

Wenn das Baby erst da wäre und Zuwendung benötigte, könnte ich einer Zugehfrau die anfallenden Arbeiten im Haus überlassen. Also erklärte ich mich bereit, die Zulufrau namens Anna als Arbeitskraft zu übernehmen.

Die Frau, die jeden Tag die Böden schrubbte, hieß Maria. Sie wußte ihr genaues Alter selbst nicht genau, sie schätzte aber, dass sie um die 60 Jahre alt war. Maria konnte weder lesen noch schreiben und war vom Schicksal nicht verwöhnt worden. Anderswo ging man in dem Alter in Rente. Maria blieb nichts anderes übrig, als bis zum Ende ihrer Tage schwere körperliche Arbeiten zu verrichten. Wie sie mir erzählte, sorgte sie für eines ihrer Enkelkinder, ein 12- oder 13jähriges Mädchen, das bei ihr wohnte. Maria war eine äußerst liebenswürdige, geduldige und zuverlässige Seele, die nicht viel redete. Sie beklagte sich nie. Die Hoffnung auf ein menschenwürdigeres Leben hatte sie sicher längst aufgegeben.

Als Anna zusätzlich ins Haus kam, wollte ich die beiden Frauen miteinander bekannt machen. Da dies in einer lockeren Atmosphäre stattfinden sollte, bat ich die beiden Frauen an den gedeckten Tisch. Ich hatte Kuchen gebacken, Tee und Kaffee vorbereitet und dachte, die beiden Frauen würden sich über eine kurze Arbeitsunterbrechung freuen. Anna schaute sauertöpfisch drein und wurde nicht müde, mir von ihrer guten „Madam" zu erzählen, und, dass es eine Schande sei, dass sie so plötzlich weggegangen sei. Niemals würde sie es bei mir so gut haben, wie bei meiner Vorgängerin. Maria hingegen legte ein gutes Wort für mich ein und versuchte Anna zu überzeugen, dass sie sich mit der Zeit ebenfalls bei mir wohl fühlen würde.

Maria, die mittlerweile ihren Tee getrunken, den Kuchen aber nicht angerührt hatte, rutschte inzwischen unruhig auf ihrem Sitz hin und her. Sie schien ihre kurze Ruhepause überhaupt nicht zu genießen. Sie würde ihren Job verlieren, wenn man sie hier so am Tisch sitzen sähe. An einem Kaffeekränzchen mit Weißen teilzunehmen, war wohl eine der schlimmsten Sünden und in der Apartheidspolitik nicht vorgesehen. So war aus meiner Idee, uns alle ein bisschen näher kennenzulernen, nichts geworden. Mit stolz erhobenem Haupt und einem schnippischen Gesicht machte sich Anna an die Bügelwäsche. Maria entschwand mit ihrem Kuchen, den ich ihr in Butterbrotpapier eingewickelt hatte, zum Putzen in einem der nächsten Reihenhäuser.

Nachdem Anna sich wohl vorgenommen hatte, mich nicht zu mögen, ließ ich sie an den beiden Wochentagen, an denen sie kam, selbstständig arbeiten. Sie war mit Eifer bei der Sache und versprühte die Möbelpolitur aus der Sprühflasche in dicken Schwaden auf die einzelnen Stuhlbeine. Anna ließ sich nicht beirren und polierte und wienerte alle Holzflächen auf Hochglanz. Sie bügelte recht gut, was von Vorteil war, denn Sebastian hatte einen großen Verschleiß an Oberhemden. Anna wusste genau, welche Wäsche von Hand zu waschen war.

Wenn es im Winter draußen zu kalt war, holte ich Maria in die Küche, wo sie am Boden sitzend ihre mitgebrachte Mahlzeit verzehrte, damit sie niemand von draußen entdecken konnte. Ich ließ sie in Ruhe, wenn sie im Sommer oft auf meinem Wäscheplatz auf einer Zeitung saß und sich ein wenig nach dem Essen ausruhte.

Da Sebastian jeden Mittag zum Essen nach Hause kam, war Kochen meine wichtigste Aufgabe. Ich bereitete Mahlzeiten für vier Personen vor. Meistens holte sich Maria die Essensration bei mir ab, die ich für sie und ihre Enkelin vorbereitet hatte, bevor sie heimging. Wenn ich befürchtete, sie hätte es vergessen, brachte ich ihr die gefüllten Glasbehälter in den Umkleideraum, der für die schwarzen Angestellten eingerichtet worden war. Sobald ich den Raum betrat, in dem ein munteres Stimmengewirr geherrscht hatte, wurde es totenstill. Ich fragte dann nach Maria und irgendjemand wies mit einem Kopfnicken in ihre Richtung. Die Frauen waren voller Skepsis. Sie trauten mir nicht und konnten sich meine Hilfsbereitschaft nicht recht erklären.

Manchmal, wenn ich morgens in aller Frühe etwas in Johannesburg zu erledigen hatte, überließ ich das gebrauchte Frühstücksgeschirr einfach seinem Schicksal. Dann war bei meiner Rückkehr alles abgewaschen und aufgeräumt. Maria, der gute Geist, hatte dann die Küche in Ordnung gebracht, obwohl sie sich bei der Hausverwaltung Ärger eingehandelt hätte. Denn Maria war eigentlich nur für die Fußböden und die Toilettenreinigung zuständig.

Einmal erzählte sie mir, dass sie morgens um fünf Uhr in Soweto aus dem Haus gehen musste, wenn sie um acht Uhr rechtzeitig zur Arbeit erscheinen wollte. Damit die alte Frau sich den beschwerlichen täglichen Fußweg ersparen konnte, gab ich ihr künftig einen Betrag, der für die Busfahrt nach Soweto und zurück gut reichte. Als sie eines Tages nicht wie gewohnt zur

Arbeit erschien, hörte ich später, dass der Bus nach Soweto am Vortag einen schweren Unfall gehabt hatte und viele Fahrgäste verletzt worden waren. Maria gehörte zu den Verletzten. Nach einer Genesungswoche erschien sie wieder am Arbeitsplatz, sie hatte immer noch Prellungen und verbundene Schnittwunden. Ich wollte ihr nach dem Unfall eine kleine Freude bereiten und fragte sie nach ihren Wünschen. Erst nach langem Zögern erzählte sie mir, dass sie gerne eine dunkelblaue Strickjacke aus Dralon hätte. Ich versuchte, ihr den Materialwunsch auszureden. Eine richtige Wolljacke wäre doch viel wärmer. Aber eine Dralon-Jacke schien in Soweto wohl gerade das angesagte Kleidungsstück zu sein. So gab ich nach und schenkte Maria ebenfalls Geld für ein Paar bequeme feste Schuhe. Wenige Tage später zeigte sie mir voller Stolz ihre neuen Besitztümer.

Marias Kollegin Anna blieb lange Zeit verschlossen wie eine Auster. Das änderte sich wohl an jenem Tag, als ich morgens unterwegs gewesen war und keine Zeit zum Kochen fand.

Ich kaufte für uns alle gebratene Hähnchen im „Kenntucky fried chicken" in der Nachbarschaft. In Annas Blick schwang plötzlich große Begeisterung mit, dann fragte sie mich, ob sie die Reste nach Hause mitnehmen dürfte. Ich hatte nichts dagegen.

Irgendwann wollte Anna von mir wissen, ob sie beim nächsten Mal ihr „Baby" mitbringen dürfe. Ich kam ins Grübeln, denn ich wusste, dass sie sechs oder sieben bereits erwachsene Kinder hatte. Von einem ihrer Söhne hatte ich bereits gehört. Anna kam eines Tages ziemlich verstört zur Arbeit. Irgendetwas stimmte nicht, sie arbeitete sehr unkonzentriert. Als ich fragte, was los sei, schüttelte sie nur den Kopf. Dann brach es aus ihr heraus. Unter Tränen berichtete sie, dass eine Gruppe weißer Männer einen ihrer Söhne ohne Grund verprügelt und den Schwerverletzten zuletzt johlend und lachend von einem Brückengeländer geworfen hatte. Erst als der Gefolterte bewusstlos liegen blieb, ließen seine Peiniger von ihm ab. Nach einiger Zeit erwachte er und kroch orientierungslos herum, bis er gefunden und in ein Krankenhaus eingeliefert wurde. Es muss für Anna eine schlimme Erfahrung gewesen sein, ihren Sohn halbtot im Krankenhaus zu finden. Und das alles mit dem Wissen, dass die Polizei rein gar nichts gegen die Totschläger unternehmen würde.

Wie von mir mit Spannung erwartet, brachte Anna eines Tages ihr „Baby" mit. Es war die jüngste Tochter, die mit vierzehn Jahren bereits bestens im Futter stand. Diese strahlte, als ich Anna versprach, zum Mittagessen wieder Hähnchen zu servieren. Zum Dank dafür half das „Baby" im Haushalt mit.

Ein anderes Mal kam Anna ganz aufgeregt zu mir und verkündete, dass ihre älteste Tochter ihr erstes Kind erwartete und in der Nacht in das Baraguanath Hospital eingeliefert worden sei. Vor lauter Ungewissheit war sie kaum in der Lage, sich auf ihre Arbeit zu konzentrieren. Schließlich machte ich ihr den Vorschlag im Krankenhaus anzurufen. Ich ließ mir die Telefonnummer des größten Krankenhauses in Südafrika geben, in dem nur farbige Menschen behandelt wurden, und rief dort an. Als sich eine weibliche Stimme in einer mir unverständlichen Sprache meldete, drückte ich Anna den Telefonhörer in die Hand. Es sah aus, als hätte Anna noch nie telefoniert. Also presste ich ihr den Hörer ans Ohr. Zuerst stammelte sie verlegen ein paar undeutliche Worte, dann schrie sie in die Muschel und erst dann schien die Person am anderen Ende sie zu verstehen. Für eine ganze Weile herrschte Stille, ich vermutete, dass die Krankenschwester sich erst bei Kolleginnen nach Annas Tochter erkundigen musste. Nach geraumer Zeit stieß Anna ein Freudengeheul aus. Bei der Geburt war alles bestens verlaufen. Statt ihr sonst eher mürrisches Gesicht zu zeigen, lachte Anna an diesem Tag still in sich hinein. Ihr waren zwei wundervolle Dinge passiert, Anna war zum ersten Mal in ihrem Leben Großmutter geworden und sie hatte zum ersten Mal telefoniert.

Zum ersten Mal Mutter: Die Geburt von Natalie

Seit wir nach Northcliff/Randburg in unser Reihenhaus gezogen waren, vergingen die Monate bis zur Geburt unserer Tochter schnell. Meine Schwangerschaft war bis auf die ersten Wochen, in denen es mir oft übel war, recht gut verlaufen. Während der letzten sechs Monate fühlte ich mich gesundheitlich hervorragend, war voller Energie, Schaffensdrang und Unternehmungslust. Meine Gelüste und den oftmals auftretenden Heißhunger auf Erdbeeren, gefolgt von Hering, konnte ich damals jeder Zeit stillen. Die Untersuchungen bei meinem deutschen Arzt, Dr. Rencken, in Johannesburg hatten regelmäßig stattgefunden und er entließ mich jedes Mal mit zufriedener Miene. Ich vertraute seinen Worten und hoffte, dass alles normal verlaufen würde. Ultraschall-Untersuchungen und die Bestimmung des Geschlechts gab es damals noch nicht, also durfte ich mit dem Stethoskop des Arztes auf die Herztöne meines Kindes hören und vernahm nur ein undeutliches Pochen. Dr. Rencken hatte mich bereits darauf vorbereitet, dass der Geburtstermin früher stattfinden könnte als vorausberechnet. Ich war auf alles gefasst. In den letzten zwei Wochen waren wir nur noch mit gepackter Krankenhaustasche unterwegs.

Am 15. Mai 1973 sahen wir uns den Film „Harold and Maud" im Kino an. Gleich nach der Vorstellung hatte ich einen Termin bei meinem Gynäkologen. Da ich keinerlei Anzeichen einer baldigen Geburt verspürte, dachte ich, die nächste Nacht in meinem eigenen Bett verbringen zu können. Das war jedoch ein Trugschluss. Mein Arzt wies mich sofort in die Mary-Mount-Geburtsklinik ein, wo wir uns Monate zuvor angemeldet hatten. Hier im von englischen Nonnen geführten Mary-Mount-Hospital lag ich mit wildfremden Frauen in einem riesigen Saal und fühlte mich trotzdem einsam. Sebastian wurde vom Personal nach Hause geschickt mit dem Hinweis, er solle erst am nächsten Tag wieder erscheinen. Um sechs Uhr am folgenden Morgen legten die Schwestern mir einen Wehentropf an. Bald danach erschien Sebs, der, während ich in den Wehen lag, nicht mehr von meiner Seite wich. Irgendwann am späten Vormittag verspürte ich heftige Nierenschmerzen und befürchtete eine Nieren-Kolik. Um ein Uhr am Mittag brach das Fruchtwasser, aber niemand außer mir schien das schmutzige Laken zu stören. Die Hebamme kam von Zeit zu Zeit mit einem hölzernen Hörrohr, horchte meinen Bauch nach Herztönen ab, erklärte mir jedoch nichts über das, was mir bevorstehen würde. Sebs erkundigte sich, ob der Arzt schon benachrichtigt worden war, die Schwester bejahte dies und so konnten wir nur warten. Die Wehen kamen in immer kürzeren Abständen. Dr. Rencken ließ sich nicht blicken. Erst als Sebastian dann selbst in der Arztpraxis anrief, stellte sich heraus, dass niemand aus der Klinik den Gynäkologen benachrichtigt hatte. Er machte sich nach dem Anruf sofort auf den langen Weg durch die vom Verkehr verstopfte Stadt. Als ich das Gefühl hatte, das Baby würde jeden Moment kommen, wurde ich zu Fuß in den Kreißsaal geführt. Bei jeder Wehe musste ich stehen bleiben und warten, bis sie vorüber war. Im Entbindungsraum wurde ich auf einen gynäkologischen Stuhl verfrachtet. Die Füße wurden in Lederschlaufen eingehakt und ich kam mir vor wie ein aufgehängtes Stück Schlachtvieh. Da mein Ehemann beim Geburtsvorgang nicht dabei sein wollte, lag ich mutterseelenallein in einem kalten, kargen Raum. Niemand kümmerte sich um mich. In den Pausen zwischen den Wehen überlegte ich, ob das Personal gerade Mittagspause hatte oder ein Nickerchen hielt. Mein Blick fiel auf eine große runde Uhr an der weiß getünchten

Zimmerwand, deren Sekundenzeiger unaufhörlich tickte und laut und ruckartig vorrückte. Es war kurz vor halb drei gewesen, als ich in den Entbindungsraum geführt wurde. Nur einmal ließ sich die Oberschwester bei mir blicken. Als sie sah, dass ich mich in einem Wehenanfall aus den Fußfesseln befreit hatte, zerrte sie an meinen Beinen herum und fauchte giftig: „Sie hatten das Vergnügen, nun können Sie wohl das bisschen Schmerz aushalten". Ich hatte auf hilfsbereite und mitleidige Klosterfrauen im Krankenhaus gehofft. War ich an Sadisten geraten? Leider konnte ich mich in meinem Zustand nicht gegen diesen unverschämten Ausspruch wehren.

Um zehn vor drei sah ich, wie mein Arzt den Kopf in die Tür steckte und mit dem Ausruf „das ist nicht meine Patientin" wieder verschwand. Sah ich so entstellt aus? Erst fünf Minuten später stürzte mein Gynäkologe mit einem mehrköpfiges Team erneut in den Kreißsaal. Jetzt wurde es hektisch. Hastig hantierten etliche Personen an mir herum, ich hörte, wie Metallgegenstände klapperten. Ohne Beruhigungsmittel oder Mittel gegen den Wehenschmerz habe ich bei vollem Bewusstsein genauestens den Geburtsvorgang wahrgenommen. Die Schmerzen wurden unerträglich. Ich war von mindestens fünf oder sechs Personen umgeben. Eine Schwester stemmte auf brutale Weise ihr ganzes Körpergewicht auf meinen Bauch, allen Geburtshelfern stand der Schweiß auf der Stirn. Mühsam hob ich den Kopf, um etwas zu erspähen. Dann sah ich die Länge eines Rückens aus mir herausgleiten, zum Schluss kam erst der Kopf. Das Kind war eine Steißgeburt, es war in der falschen Lage auf die Welt gekommen.

Es war genau drei Uhr am Nachmittag, als unsere Tochter Natalie in Johannesburg geboren wurde. Ganze fünf Minuten waren dem Arzt für die komplizierte Geburt geblieben, für einen Dammschnitt hatte die Zeit nicht gereicht. Die Schwestern legten mir den kleinen schleimigen Körper auf den Bauch, den ich sanft streichelte. Als die Nabelschnur durchtrennt und die Plazenta ausgetreten war, wurde in die stark blutende Wunde blutstillende Watte eingeführt. Dann spürte ich im Unterleib, wie mir ohne Narkose Nadel und Faden durch das Fleisch drangen, aber dieser Schmerz war im Vergleich zu den Geburtswehen leicht zu ertragen. Jetzt fühlte ich mich wie neu geboren und wäre am liebsten gleich mit meiner Tochter nach Hause gegangen. Natalie wurde vermessen, gewogen, erhielt ein Armband mit ihrem Namen und wurde in ein Bettchen gelegt. Der überglückliche Sebastian nahm zärtlich und stolz sein Wunschkind in den Arm.

Ich teilte das Krankenzimmer mit einer Engländerin, die vor mir entbunden hatte und das war kurz vor 12 Uhr mittags gewesen. Was hatten die Schwestern und Hebammen in den drei Stunden gemacht, als ich mutterseelenallein im kargen Entbindungszimmer lag? Die Ordensschwestern in dieser Klinik waren mir nicht mehr geheuer. Sie erinnerten mich an jene Schwestern, die ich nur wenige Jahre nach dem Krieg als Kind in verschiedenen Kinderheimen erlebt hatte, wo ich vier Wochen zur „Erholung" untergebracht gewesen war. Bereits damals hatte ich bemerkt, dass die frommen Frauen alles andere als barmherzig waren. Ich erinnere mich an Schläge und andere drastische Strafen der unwirschen Ordensschwestern. Jetzt hatten mich die mitleidlosen Nonnen meiner Jugend im fernen Südafrika wieder eingeholt. Sie waren es auch, die mich nach jedem Stillen anschnauzten, dass das Kind nicht genug Nahrung bekäme. Nie verrieten sie, wie viel es bereits getrunken hatte. Einmal bekam ich ein wildfremdes Bündel in die Hand gedrückt. Ich war gezwungen, hinter den Schwestern herzulaufen, um mein eigenes Kind zu suchen.

Kurz nach der Geburt erschienen die Schwestern mit einem Formblatt und hakten in meinem Beisein alle Punkte ab. Ich musste unterschreiben, dass das Kind an jeder Hand fünf Finger und an jedem Fuß fünf Zehen hatte, also keine Anomalien aufwies. Gleich in den ersten Tagen wollte ich mich selbst davon überzeugen und packte das kleine Bündel aus. Die langen dünnen Beinchen waren verdreht, die beiden Schulterknochen ragten spitz in die Luft. Später sollten die Ärzte eine Hüftluxation feststellen als Spätfolge der monatelangen falschen Lage. Wie mir Dr. Rencken erklärte, hatte er nicht gewagt, den Fötus in die richtige Lage zu drehen, da sich bei dieser Prozedur die Nabelschnur um den Hals hätte wickeln können. Während der gesamten Schwangerschaft hatte er nichts von der Steißlage gesagt, was im Nachhinein mein Vertrauen zu ihm erschütterte. Er habe mich nicht unnötig beunruhigen wollen, erklärte er mir später. Noch monatelang konsultierten wir wegen Natalies verschobener Hüfte Orthopäden, die jedoch nicht viel ausrichteten. Ich selbst besorgte schließlich aus Deutschland eine Spreizhose, die meine Tochter fast ein Jahr lang Tag und Nacht trug. Nach ungefähr einem Jahr hatte sich die Fehlstellung ausgewachsen.

Trotz allen Ärgers war der 16. Mai, der Geburtstag unserer Tochter, für uns ein Freudentag. Ich lag im Bett und sah den Vollmond, der am Abend in mein Klinik-Fenster schien, als wolle er gratulieren und den neuen Erdenbürger für alle Zeit beschützend begleiten. Der Vollmond schien einen guten Start für uns alle zu versprechen.

Sogar während des einwöchigen Aufenthaltes im Krankenhaus holte uns der Apartheids-Alltag ein. Als Sebs mich einmal besuchte, merkte ich, dass etwas nicht stimmte. Erschrocken sah ich Blutflecken auf seinem Anzug und dachte zuerst an einen Unfall. Auf dem Weg zu mir ins Hospital war er Zeuge eines Zusammenstoßes zweier ungleicher Fahrzeuge geworden.

An einer roten Ampel hatte er mit seinem Auto hinter einem Rollerfahrer angehalten. Der junge schwarze Fahrer hatte auf dem Hintersitz seiner Vespa einen Kasten mit Papierrollen befestigt. Sebs schloss daraus, dass der Fahrer möglicherweise Bote eines Architekturbüros war. Beide warteten darauf, dass die Ampel umschaltete. Der Zweiradfahrer fuhr ordnungsgemäß bei Grün los fuhr, dabei wurde er seitlich von einem Auto erfasst, das bei Rot über die Kreuzung gefahren war. Der junge Mann wurde durch die Luft geschleudert und blieb bewegungslos und blutend am Boden liegen. Sebastian lief sofort zum Verletzten, für den er aber nichts tun konnte. Als zufällig ein weißer Verkehrspolizist am Unfallort erschien, wollte Sebs gleich bei ihm eine Zeugenaussage machen: Eine Frau, die bei Rot über die Kreuzung gefahren war, hätte den Unfall verursacht. Der Polizist wollte jedoch nichts davon wissen. Aber Sebastian hatte nicht die Absicht, sich abwimmeln lassen. Als eine Ambulanz am Unfallort erschien, wies er auf den Schwerverletzten. Aber als die Helfer des Krankenwagens sahen, dass dieser schwarzer Hautfarbe war, ließen sie ihn am Boden liegen, kehrten zu ihrem Fahrzeug zurück und meinten lapidar: „Dafür sind wir nicht zuständig". Sebastian verstand die Welt nicht mehr, da lag ein Schwerstverletzter, bei dem es auf jede Minute ankam und niemand kümmerte sich um ihn. Irgendwann kam eine Ambulanz für Schwarze. Sebastian wartete noch, bis der verletzte Rollerfahrer versorgt worden war. Ob er den Unfall überleben würde, war noch nicht festzustellen. Dem Buren-Polizisten gab Sebastian seine Visitenkarte, falls er ihn zu einer Zeugenaussage benötigte, aber niemand meldete sich.

Am Tag der Entlassung aus der Klinik bat ich Dr. Rencken, mich noch einmal gynäkologisch zu untersuchen, denn ich hatte das Gefühl, dass irgendetwas nicht stimmte. Bei einer oberflächlichen Untersuchung konnte er nichts feststellen, aber als ich insistierte, rief er eine Schwester herbei. Ich hatte starke Schmerzen, als er eine Handvoll Watte und Zellstoff aus meinem Unterleib herauszog, der im Lauf der Woche zu einem stinkenden Klumpen aus Blut, Schleim und Bakterien verkommen war. Der Arzt meines Vertrauens hatte die Masse schlichtweg vergessen. Als ich nach Wochen immer noch Beschwerden hatte, wechselte ich den Arzt. Es dauerte lange, bis die starke Entzündung endlich verheilt war.

Für unser süßes neues Familienmitglied war zu Hause alles komplett hergerichtet. Es gab jetzt nichts mehr, was wir uns hätten wünschen können. Natalie wuchs stetig und nahm kräftig zu. Wir luden unsere deutschen Nachbarn ein und stellten unseren Nachwuchs vor, von diesem Zeitpunkt an waren wir die besten Freunde.

Im damaligen Südafrika standen neugeborene weiße Kinder unter der speziellen Obhut des Staates. Jeden Monat mussten wir jungen Mütter mit unseren Kindern beim Gesundheitsamt erscheinen. Hier wurden die Kinder gewogen, gemessen und genauestens untersucht. Weiße Babies erhielten kurz nach der Geburt wichtige Impfungen. Wenige Wochen nach der Entbindung erschien bei uns Zuhause völlig unangemeldet eine Krankenschwester. Als Beauftragte des Gesundheitsamtes hatte sie nach dem Rechten zu sehen. Sie schaute sich das Umfeld unserer Tochter genau an. Ich hatte nichts dagegen, dass sie sich im ganzen Haus umsah, aber als sie Natalie, die im schönsten Schlummer lag, aus ihrem Bettchen riss, war ich nicht sonderlich begeistert. Die wildfremde Frau zog unser Kind komplett aus, kontrollierte, ob es wundgelegen war, an Ausschlag litt und Zeichen von Krankheiten oder körperlicher Gewalt aufwies. Ich sah sie als Wächterin über junges, vor allem weißes, südafrikanisches Leben. Ein ganzes Jahr lang wurde unsere Tochter regelmäßig einmal im Monat auf Staatskosten untersucht. Als wir ein Jahr später in Deutschland Urlaub machen wollten, mussten wir unsere Tochter zuvor gegen Tuberkulose impfen lassen. Die weißen Kinder wurden bestens medizinisch versorgt, während die Sterblichkeit schwarzer Kinder in dieser Zeit sehr hoch war, 40% von ihnen starben vor dem 10. Lebensjahr an Krankenheiten, außerdem waren die Kinder in Soweto mangelernährt.

Eigentlich waren diese Besuche im Gesundheitsamt keine große Bürde. Sie waren ganz unterhaltsam, denn hier traf man auf Mütter aus der Nachbarschaft, die man bereits kannte, oder man lernte neue kennen. Wir konnten uns über den Fortschritt unserer Kinder austauschen, Probleme besprechen, und uns gegenseitig helfen. Ab und zu trafen wir, die internationalen Mütter, uns auch privat zum Tee oder gaben „Tupper-Parties". Es

war kein schlechter Start für die neuen Erdenbürger, so rundum vom Staat beschützt und gehätschelt zu werden. Leider war es der Regierung völlig egal, wie sich die schwarzen Babies und größere Kinder entwickelten. Sie konnten Kinderkrankheiten, Rotznasen, Malaria oder Tuberkulose haben oder wegen Unternährung gar nicht erst überleben. Eine Impfung gegen Tuberkulose erhielten die farbigen Kinder nicht. Die Ureinwohner des Landes wurden in sozialer Hinsicht im Apartheidssystem einfach ignoriert. Die hellhäutige Staatsmacht gab die Richtung vor.

Ein südafrikanischer Arzt, der von den Buren abstammte, und den wir kurz nach der Geburt unserer Tochter aufsuchten, ermunterte uns, so schnell wie möglich weitere Kinder zu bekommen. Ob er wohl vom Südafrikanischen Staat eine „Kopfgeld-Prämie" für die Geburt weißer Kinder erhielt?

Die Omas kommen zu Besuch

Meine Mutter wollte es sich nicht nehmen lassen, ihr Enkelkind zu bewundern und kam sofort nach unserer Einladung in Juli nach Johannesburg. Da wir die Idee hatten, Natalie im Beisein ihrer beiden Großmütter taufen zu lassen, folgte vier Wochen später meine Schwiegermutter. Die Omas schienen auf ihre Enkelin fixiert zu sein und freuten sich über die Taufe, die in einem kleinen Rahmen im Freundeskreis stattfand.

Da Sebs geschäftlich in Durban zu tun hatte, nahmen wir die Mütter mit auf die Reise, damit sie, wie wir uns vorstellten, zeitweise als Babysitter fungieren konnten. Zuerst brachten wir unsere Mütter ins Polo Pony Hotel nach Hillcrest, wo die Beiden alleine übernachten sollten. Sebs, Natalie und ich wollten im Haus unserer Freunde im tiefen Busch übernachten. Da es lange unwetterartig geregnet hatte, versank unser Auto im Straßenschlamm. Nur ein Abschleppwagen konnte uns aus unserer misslichen Lage befreien und es dauerte lange, bis wir mit unserem vier Monate alten Baby das Haus unserer Freunde erreichten, wo durch den Sturm der Strom ausgefallen war. Wie gut, dass unsere Mütter im Hotel untergebracht waren! Am nächsten Tag funktionierte zwar die Elektrizität wieder, aber die Straßen waren immer noch kaum befahrbar. Erst gegen Mittag konnten wir unsere Mütter im Hotel abholen. Beide waren ganz ausgehungert. Wir wunderten uns, denn das Frühstück war im Übernachtungspreis inbegriffen gewesen. Dann erzählten sie uns von diesem Inder, der morgens in aller Frühe ungebeten in ihr Zimmer gekommen war und ein Tablett mit heißem Tee zurückließ. Sie hatten angenommen, dass dieser Tee um sieben Uhr morgens das Frühstück gewesen war und hatten sich nicht mehr aus dem Zimmer getraut, bis wir sie mittags abholten. Den englischen Ritus des „early morning tea" kannten sie nicht und hatten auch nicht auf Englisch mit dem Personal reden können. Und so frühstückten wir erst einmal ausgiebig, bevor wir nach Umhlanga Rocks ins Cabana Beach Hotel umzogen, wo wir ein wunderschönes Apartment für uns alle hatten. Ich liebte dieses Hotel, weil man hier sogar vom Bett aus auf das Meer schauen konnte und nachts die Wellen rauschen hörte. Da sich in dem Apartment eine Küchezeile befand, die komplett mit allen Utensilien ausgestattet war, hatten wir die Möglichkeit, kleine Mahlzeiten zuzubereiten. An zwei Abenden ließen wir die Omas mit ihrer Enkelin alleine. Einmal waren wir bei Brian Baker, einem bekannten Tierarzt, eingeladen, das andere Mal hatten wir ein Geschäftsessen im Oyster Box Restaurant.

Brian, der Veterinär, der sich auf die Behandlung von Zuchtpferden spezialisiert hatte, war Betreuer der Rennpferde, die jedes Jahr beim „July Handicap" in Durban antraten. Er erzählte uns, dass er am nächsten Tag eines dieser wertvollen Renntiere operieren müsse. Ein langer Dorn hatte sich tief und schmerzhaft unter den rechten Vorderhuf verkeilt, so dass das Tier lahmte und an den Rennen nicht teilnehmen konnte. Plötzlich fragte Brian uns, ob wir nicht bei der Operation zusehen wollten? Ich fand die Idee hervorragend und war begeistert. Für mich kam diese Abwechslung am nächsten Tag gerade recht. Die Omas würden sich bestimmt mit ihrem Enkelkind gut beschäftigen können. Unsere Freunde aus Hillcrest, Heidi und Hans, Sebastian und ich fuhren am nächsten Tag rechtzeitig zum verabredeten OP-Termin in die Tierklinik. Wir betraten einen Raum, den eine mächtige, dick gepolsterte Plattform ausfüllte, die sich auf Schienen bewegen ließ. Es war beeindruckend zu sehen, wie das kolossale Tier narkotisiert auf das gepolsterte Podium sank, eine Erektion bekam, sich aber sonst nicht mehr rührte. Brian schob seine Instrumente unter den Pferdehuf, wo sich die Verletzung befand, schabte, bohrte und sägte, um nach langem Bemühen den Dorn erfolgreich zu entfernen. Nach einer mehr als einstündigen Operation wurde dem Pferd der Vorderfuß verbunden und es kam langsam wieder zu sich. Es musste sich nun einige Wochen im Stall schonen, bevor es wieder auf die Weide durfte. Wie uns Brian später erzählte, erholte sich das Pferd zwar sehr gut von dem operativen Eingriff, aber es wurde, als es wieder gesund war und zurück auf das freie Feld durfte, vom Blitz erschlagen.

Mit unserer Tochter auf dem Arm und den Omas im Schlepptau spazierten wir am herrlichen Strand vor dem Cabana Beach Hotel umher, genossen die gute Luft, den blauen Himmel und die Weite des hellen Ufersaumes. Unser Hotel war damals das einzige große Gebäude am endlosen Strand. Die kleinen Gästehäuser in den Dünen fielen kaum auf. Hinter dem roten Leuchtturm erblickte man die im Sonnenlicht glänzende Skyline von Durban. Der Ort Umhlanga bestand nur aus einigen wenigen verstreuten Häusern, einen Ortskern schien es nicht zu geben. In den umliegenden Bergen ragten aus den Büschen und Bäumen hell glänzende Villen mit roten oder grünen Dächern hervor. Es war ein einsamer und paradiesischer Platz. In Durban besuchten wir den Hafen und das Aquarium. Wir blieben jedoch auch gerne am Swimmingpool unseres Hotels. Bald neigte sich die Woche am Meer dem Ende zu und wir fuhren mit Kind und den Großmüttern in Richtung Johannesburg. Ob die beiden Omas den Abstecher ans Meer genossen haben, wage ich fast zu bezweifeln, denn sie waren mittlerweile zu Konkurrentinnen um die Gunst des Enkelkinds geworden.

Für meine Mutter sollte bald der Abschied kommen. Zwei Wochen später verließ uns auch die Schwiegermutter. Dann kehrte Ruhe ein, die wir mit einem Abstecher nach Eastern Transvaal feierten. Freunde fragten uns später, wieso wir uns freiwillig diesem Familienstress ausgesetzt hatten? Das fragte ich mich im Nachhinein auch.

Familien-Alltag und Wünsche nach Abwechslung

Unser kleiner Sonnenschein wuchs und gedieh prächtig. Jeden Tag spazierten ich mit dem Kinderwagen durch unser Viertel genoss die frische

Luft und die duftenden Blumen, und ging an akkurat geschnittenen Haushecken und übersichtlichen Wiesen vorbei. Da im Südafrika der siebziger Jahre kein Mensch zu Fuß ging und Spaziergänger völlig ungewohnt waren, wurde ich öfter gefragt, ob man uns ein Stück des Wegs mit dem Auto mitnehmen könnte? Hatte ich im Pick´n Pay nebenan Besorgungen zu machen, nahm ich Natalie auf den Arm und im Supermarkt setzte ich sie in den Einkaufwagen. In aller Ruhe kaufte ich ein und schob anschließend Kind und Lebensmittel im Einkaufwagen nach Hause.

Mit den Nachbarskindern hatten wir regen Kontakt. In unserer Wohnanlage fand sich immer jemand, der bereit war, ein Treffen mit Kind und Kegel zu veranstalten. Manchmal waren wir bei Freunden eingeladen, die ein geräumiges Haus in Sandton bewohnten. Dort sahen wir uns von Zeit zu Zeit geliehene Filme auf der hauseigenen Leinwand an. Als die Männer eines Tages einen Western, der viel Schießerei versprach, gemietet hatten, legten wir unsere Tochter ins hinterste und absolut ruhigste Zimmer des Hauses, damit sie der Lärm nicht stören würde. Dann schalteten wir die Abhöranlage im Zimmer ein, um sicher zu gehen, dass das Kind nicht schrie. Kaum lag Natalie in dem fremden Bettchen, erhob sie ihre Stimme und jeder Versuch sie zu beruhigen, scheiterte. Schließlich nahm ich das kleine Bündel auf den Arm und als es meine Körperwärme spürte, schluchzte es noch ein paar Mal aus tiefstem Herzen, legte sein Köpfchen an meine Schulter und schlummerte friedlich ein. Das Krachen der Gewehrschüsse und das Gewieher und Getrappel der Pferde störte es nicht im Geringsten.

Weihnachten 1973 verbrachten wir mit unserer sieben Monate alten Tochter zu Hause und schmückten den ersten großen Weihnachtsbaum.

Das Kind strahlte, als es die vielen Lichter sah. Das gute Verhältnis, das zu unseren deutschen Nachbarn entstanden war, erwies sich später als angenehm. Unsere Kinder wuchsen gemeinsam auf und spielten fast täglich miteinander. Nachdem beide Mädchen laufen konnten, wurde der Nachbar, der Lehrer Klaus, nicht müde seinen Garten zum Spielplatz umzugestalten. Da er im geräumigeren Eckhaus wohnte und deshalb einen größeren Garten besaß, legte er eine große Sandkiste an, baute eine Schaukel und füllte ein aufblasbaren Planschbecken mit Wasser. Weil es für die kleine Tochter unserer Nachbarn alleine zu langweilig gewesen wäre, durfte Natalie zu jeder Zeit zu ihr hinüber gehen. Es war eine Freude, die beiden Mädchen miteinander aufwachsen zu sehen. Streit unter den Kindern gab es nie.

Im April 1974 bekamen wir Heimaturlaub und verbrachten einige Wochen in Deutschland. In dieser Zeit wurde Natalie ein Jahr alt. Alle wunderten sich darüber, wie gut das Kind schon sprechen konnte, nur mit dem Laufen, da haperte es noch.

Als wir nach dieser Reise wieder nach Südafrika zurückkehrten, kam mir mein Leben recht unausgefüllt vor. Im alltäglichen Trott fühlte ich mich mit einem Mal ziemlich verloren, von der pulsierenden Welt abgeschnitten und sah mich in einen Alltag gezwängt, der keine Kreativität zuließ, also nicht zur persönlichen Entfaltung beitrug. Wenn man in diesem Land, wo meistens die Sonne scheint, keinen Sport betrieb, konnte der Tag recht lang werden. Für die gelangweilte weiße Oberschicht war das Hauptvergnügen der Besuch der verschiedenen Shoppingcenter. Für mich waren diese supermodernen Einkaufsmeilen aus Marmor, Glas und Chrom zu unpersönlich und leblos.

Während wir in der Vergangenheit oft an den Wochenenden unterwegs gewesen waren, fielen diese Ausflüge neuerdings ganz flach. In den Jahren 1974 und 1975 herrschte eine weltweite Ölkrise. Auch wir in Südafrika waren davon betroffen. Überall wurde Benzin eingespart. In Deutschland gab es autofreie Wochenenden. In Südafrika wurden von Freitagabend bis Montagmorgen um sechs Uhr die Tankstellen komplett geschlossen. Für die großen Strecken, die man in Südafrika notgedrungen zurücklegen musste, reichte eine Tankfüllung nicht aus. Einen Reservetank durfte man wegen der Brandgefahr nicht mitführen. So wurde es manchmal ein wenig langweilig für mich. Die vielen Erkundungsreisen in die nähere Umgebung fielen wegen der Ölkrise ins Wasser. Dann hatte ich eine Idee, wie ich mich aus dem eintönigen Alltagstrott befreien könnte.

Die Lufthansa flog mehrmals wöchentlich von Frankfurt nach Johannesburg. Wegen der vielen Kinder unter den Fluggästen wurde Begleitpersonal gesucht, das aus jungen Hausfrauen, die in Johannesburg lebten, rekrutiert werden sollte. Diese jungen Frauen wurden vor ihrem ersten Einsatz durch das Lufthansa-Personal geschult und kamen danach alle sechs Wochen zum Einsatz. Nach drei bis vier Tage in Deutschland flogen sie mit einer neuen Gruppe von Kindern zurück. Die Flugbegleiterinnen wurden „Mickey-Mouse" genannt und zählten in jener Zeit zum Bordpersonal. Sie kümmerte sich ausschließlich um die Kinder, die mit oder ohne Begleitung im Flugzeug saßen. Mich reizte dieser Job sehr und da wir Freunde hatten, die bei der Lufthansa beschäftigt waren, rechnete ich mir gute Chancen aus. Ich hatte nicht mit Sebastians Einspruch gerechnet. Er lehnte jegliche Arbeit außer Haus und ein Kindermädchen, das mich während meiner Abwesenheit vertreten sollte, ab. Er meinte ich solle mich auf Kind und Haushalt konzentrieren. Ich akzeptierte seine Einwände.

Ich mochte es, wenn einer unserer Freunde, ein Lufthansa-Angestellter, der mit Frau und Kind im Nebengebäude der Tarragona-Flats wohnte, aus seinem Leben erzählte. So erfuhren wir eines Tages von ihm, dass er seine

Wildlederjacke und andere Winterbekleidung einem Zulu geliehen hatte, der bei der Lufthansa angestellt war. Wie allen Lufthansa-Mitarbeitern stand diesem jungen Zulu namens Neville Palmer als Lufthansa-Angestellter einmal im Jahr ein Gratisflug nach Deutschland zu. Allerdings fehlte es dem jungen Mann an der nötigen Garderobe für diese Reise. Also lieh ihm unser Nachbar bei mehreren Gelegenheiten seine Wintergarderobe. Im rassistischen Südafrika war das ein Unding und hätte Probleme hervorrufen können. Für unseren Freund jedoch war es ganz selbstverständlich, persönliche Dinge mit einem sympathischen Menschen, egal welcher Hautfarbe, zu teilen. Die beiden jungen Männer lernten einander zu vertrauen und eines Tages kam der junge Zulu mit einem ganz speziellen Anliegen zu unserem Freund, das ihm selbstverständlich gewährt wurde.

Obwohl wir Europäer keinen privaten Kontakt zur schwarzen Bevölkerung in Soweto pflegten, hatte es sich doch herumgesprochen, dass die Afrikaner einmal im Jahr in ihrem Ghetto einen Musikwettbewerb veranstalteten. Das Besondere an diesem Wettbewerb war, dass ein weißes Jurymitglied für die Entscheidung über die Gewinner nötig war. Diese Person musste selbstverständlich auf Geheimwegen nach Soweto geschmuggelt werden. Ich fand das aufregend und wäre selbst gerne mit dabei gewesen. Die Zulus suchten sich diesen Gutachter und Sachkundigen für die Jury selbst aus und ich fragte mich, auf welche Weise dies wohl geschah?

Plötzlich wurde ich selbst zu einer Art Jurymitglied und sollte über einen gemischten Frauen- und Männerchor aus Soweto entscheiden. Der dunkelhäutige Lufthansa-Angestellte hatte unseren Freund aus der Siedlung gefragt, ob er ein paar vertrauenswürdige Weiße zusammentrommeln könnte. Eine Gesangsgruppe, die sich in Soweto gebildet hatte, erwartete schlicht und einfach ein Urteil über ihre Sangeskunst von einer weißen Zuhörerschaft. Sie hofften darauf, irgendwann in der Zukunft eine Europa-Tournee zu machen und wollten vorher testen, ob ihre Musik vor hellhäutigem Publikum Erfolg haben würde.

Dies war eine äußerst gefährliche Sache, denn gemischtrassige Treffen waren verboten. So waren wir nur eine kleine Gruppe von ungefähr sechs oder acht Weißen, die sich abends im Schutz der Dunkelheit aufmachte, um sich heimlich mit schwarzen Mitbürgern zu treffen. Der Treffpunkt, den wir unerkannt und unbeobachtet erreichen mussten, lag im Zentrum von Johannesburg, im Keller eines alten Kinos in der Jeppe Street. Unsere Autos standen ein paar Ecken entfernt geparkt und mussten mehrmals umgestellt werden, da der Geheimdienst „Boss" abends seine Erkundungsrunden durch die Innenstadt machte.

Als wir unseren Treffpunkt, den Kellerraum erreichten, hatten sich dort bereits an die 35 farbige Sänger eingefunden. Wir wurden der Gruppe vorgestellt, sprachen mit verschiedenen Sängern und dann formierte sich der Chor, der je zur Hälfte aus hübschen jungen Frauen und ansehnlichen Männern bestand.

Während die jungen Leute ihre Lieder innig und aus tiefster Seele vortrugen, liefen mir abwechselnd heiße und kalte Schauer über den Rücken. Ich liebte diese Musik sehr und hatte schon viele südafrikanische Chöre gehört. Obwohl ich die Texte nicht verstand, schwangen in den Gesängen alle Gefühlsregungen mit, zu denen die Sänger fähig waren. Das Kellergewölbe füllte sich mit Klängen von vibrierender Traurigkeit. Es waren schmerzerfüllte, melancholische Weisen, die von Ungerechtigkeit, Krankheit, Tod und Verzweiflung erzählten. Aber es gab auch Melodien der Freude, helle Freudenjauchzer und sanfte Töne, die auf die Hoffnung auf eine bessere Zukunft schließen ließen. Es waren gesungene Beweise von Sensibilität und Verletzlichkeit. Durch die Kunst ihres Gesanges brachen die Sänger aus ihrem zermürbenden Alltag aus. Nach jedem Lied applaudierten wir euphorisch. Vor Begeisterung hätte es uns von den Stühlen gerissen, wenn es denn welche gegeben hätte. Wie gebannt standen wir in diesem unmöblierten, fast dunklen Raum in einer Ecke und lauschten den Gesängen der rechtlosen Mehrheit des Landes, die sich in einigen Metern Entfernung vor uns aufgestellt hatte. Als nach ungefähr einer Stunde das unerlaubte Konzert zuende war und wir enthusiastisch Beifall klatschten, stiegen den Sängern die Tränen in die Augen. Sie hatten zum ersten Mal vor weißem Publikum gesungen und waren über unseren Beifall tief gerührt.

Nach dem Konzert standen wir noch eine Weile beieinander und wären allzu gerne noch länger beisammen geblieben. Die schwarzen Sänger schauten uns erwartungsvoll mit ihren großen dunklen Augen an, die Frauen lächelten schüchtern. Gerne hätten wir an diesem Abend gemeinsam etwas unternommen, alle schauten wehmütig in die Runde, aber jeder im Raum wusste, dass sich unsere Wege bald trennen mussten. In einem anderen Land, einem Land ohne Apartheid, hätten wir die Gruppe zu uns nach Hause eingeladen, um einander näher kennenlernen zu können. Nun erfüllte nach dem Konzert eine beklommene Bedrücktheit den Kellerraum. Obwohl wir uns nicht so recht voneinander trennen mochten, verließen wir zögernd und ganz vorsichtig nach und nach das Gebäude. Die Sänger gingen als letzte und mussten auf der Hut sein, denn die Sperrstunde war schon längst vorüber.

Bald danach wurde in Johannesburg offiziell das erste Singspiel, eine Art Musical, von Schwarzen in einem Theatersaal für Weiße uraufgeführt. „Ipi Tombi" hieß das Stück. Ich erinnere mich, dass dieses Musical über viele Monate völlig ausverkauft war. Vielleicht waren das die ersten Anzeichen für ein Ende der Apartheid. In der Folgezeit fanden am Stadtrand immer mehr Folklore-Aufführungen von schwarzen Künstlern statt, die sich mit ihren Auftritten ein wenig zusätzliches Geld verdienten.

Da mir die rhythmische Musik der südafrikanischen Ureinwohner sehr gut gefiel, dachte ich, dass ihre Lieder in Europa viele Anhänger finden würden. Ich hatte jedoch überhaupt keinen Zugang zur Musik-Szene und kannte keinen Agenten, deshalb konnte ich damals in den siebziger Jahren meine Idee nicht verwirklichen. Der berühmte Amerikaner Paul Simon kam Ende der achtziger Jahre auf die gleiche Idee und sorgte erfolgreich für den Export südafrikanischer Folkore.

Flug LH 540

Am Morgen des 20. November 1974 machte sich mein Mann wie gewohnt auf den Weg ins nahegelegene Büro. Zum Mittagessen würde er nicht nach Hause kommen, denn er erwartete Geschäftsbesuch aus Deutschland, den er am Flughafen abholen und mittags zum Essen einladen wollte. Ich stellte mich darauf ein, an diesem Tag nichts kochen zu müssen und war mehr als erstaunt, als er gegen Mittag ziemlich aufgelöst zu Hause erschien. Er kam direkt vom Jan Smuts-Flughafen, wo er mehrere Stunden in der Ankunftshalle auf seinen Besucher gewartet hatte. Den Abholern, die auf die Passagiere des Fluges LH 540 aus Frankfurt warteten, wurde vom Lufthansa Personal mitgeteilt, dass die Maschine, die von Frankfurt auf dem Weg nach Johannesburg war, nach der Zwischenlandung in Nairobi kurz nach dem Start abgestürzt war. Genauere Informationen gab es zu diesem Zeitpunkt noch nicht. Von Toten und Überlebenden war gleichermaßen die Rede. Mein aufgelöster Mann kam mit dieser schreckliche Botschaft direkt nach Hause.

Nähere Einzelheiten gab es dann von unserem Freund und Nachbarn, der zum Personal der deutschen Luftfahrtsgesellschaft gehörte und ebenfalls kurz zu Hause erschien. Aber auch im Stadtbüro der LH kamen die Auskünfte aus Nairobi nur spärlich oder falsch an. Die Lufthansa-Angestellten hatten die schwierige Mission, die Angehörigen der Passagiere des Flugdesasters ausfindig zu machen, um ihnen entweder eine Todesmitteilung oder die frohe Überlebensbotschaft zu übermitteln. Das Informations-Chaos sollte tagelang andauern. Es stellte sich heraus, dass Passagiere, die das Unglück überlebt hatten, für tot erklärt wurden und umgekehrt. Für die Angestellten der Lufthansa war das eine bedrückende Erfahrung.

Unser Nachbar berichtete, dass die Lufthansa damals kaum Erfahrung in der Abwicklung von Flugzeugabstürzen hatte. Erschwerend kam hinzu, dass das südafrikanische Apartheidsregime keinerlei Kontakt zu seinen schwarzafrikanischen Nachbarstaaten pflegte, also auch über keinen Telefonkontakt nach Kenia verfügte. Eine Telex-Verbindung gab es allerdings sofort, sie unterlag nicht der staatlichen Kontrolle. Es war eine SITA-Verbindung (SITA: „Société International de Télécommunication Aéronautique"). Bei der SITA handelt es sich um eine Genossenschaft, die, 1949 in Belgien gegründet, in den Bereichen der Luftfahrt, Touristik und Logistik unabhängige Datenverarbeitungs- und Kommunikationsdienste anbietet. Diese SITA-Verbindung wurde also von der Lufthansa in Zusammenarbeit mit der Deutschen Botschaft in Pretoria und Nairobi hergestellt.

Von einer Stewardess, die den Crash überlebt hatte und am Tag nach dem Unglück bei unseren Nachbarn zu Besuch war, erfuhren wir, was sich mit der Lufthansa Boing 747 „D-ABYB" bei der Zwischenlandung in Nairobi ereignet hatte. Wie üblich war der Jumbojet um sieben Uhr morgens in Nairobi gelandet und war aufgetankt worden. Kurz bevor die Maschine dann eine Stunde später zur Startbahn rollte, gab der Pilot den Passagieren den Hinweis, dass sie in Kürze den Kilimandscharo aus nächster Nähe betrachten könnten und zu diesem Zweck die nicht besetzten Fensterplätze zur besseren Sicht oder zum Fotografieren einnehmen dürften. Aber dazu kam es dann gar nicht mehr. Als die Maschine langsam abhob, ging nach den Aussagen Überlebender durch das Flugzeug ein heftiges Rütteln und Schütteln, und der Absturz erfolgte nach wenigen Sekunden. Wie Spezialisten später herausfanden, waren es genau 16 Sekunden.

Von den 140 Passagieren und 17 Crew-Mitgliedern starben 59 in den Flammen des Flugzeugs, vier von ihnen gehörten zum Bordpersonal. Es gab 54 Verletzte. 98 mehr oder minder verletzte Personen waren in der Lage, sich selbst aus dem brennenden Wrack in Sicherheit zu bringen.

Wie es später hieß, war die Ursache des Absturzes auf menschliches Versagen, eine Fehlbedienung des Piloten, zurückzuführen. Trotzdem ist die genaue Ursache des Unglücks bis heute nicht hundertprozentig geklärt. Es war der erste Absturz eines Jumbojets der Lufthansa. Das Lufthansa-Personal war noch eine Weile mit dem Fall beschäftigt. Es war erstaunlich, wie viel wertvoller Schmuck, teure Leica-Kameras und edle Kleidungsstücke angeblich Raub der Flammen geworden waren.

Ein Flugzeuginsasse war ein Jahr zuvor mit einer Lufthansamaschine (Boing 707) in Indien abgestürzt und hatte nun auch diesen Crash heil überstanden. Nur wenige der unverletzten Passagiere setzten von Nairobi aus ihre Reise nach Johannesburg fort. Ein Passagier hüpfte unverletzt aus dem Flieger und flog auf eigene Initiative mit British Airways weiter nach Johannesburg. Er tauchte weder auf der Liste der Überlebenden, noch auf der der Toten auf, während seine Familie sich sofort an die Lebensversicherung des Mannes gewandt haben soll. Ein amerikanisches Ehepaar, Holocaust Überlebende, wollte nach seiner Deutschlandreise in Johannesburg alte Bekannte treffen. Das Paar hatte zu den Ersten gehört, die das in Trümmern liegende Flugzeug mit den beiden Kindern heil verlassen hatten.

Die meisten der Überlebenden kehrte umgehend nach Deutschland zurück. Auch der von uns erwartete Besucher hatte den Absturz glücklicherweise überlebt. Er zog es vor, ohne Geschäftsabschlüsse wieder nach Frankfurt zurückzufliegen. In den Trümmern des Flugzeugswracks befand sich neben anderen Stewardessen auch die Leiche der für die Kinder zuständigen Flugbegleiterin, die „Mickey-Mouse".

Seit dem Absturz am 20. November 1974 gibt es die Flug-Nummer LH 540, mit der ich so häufig unterwegs war, nicht mehr.

Rassentrennung in allen Bereichen

Anfang Dezember 1974, kurz bevor wir eine Urlaubsreise nach Kapstadt antraten, hörte ich im Flur unserer Reihenhausanlage herzzerreißendes Jammern und Schluchzen. Als ich nachsah, entdeckte ich in der Haustür des Nachbarhauses eine völlig aufgelöste Zulufrau. Ich fragte, was passiert sei, aber ich konnte ihre Antwort durch ihr herzerweichendes Weinen nicht verstehen. Ich bat sie in meine Wohnung, setzte sie auf einen Stuhl und fragte sie behutsam aus. Allmählich begriff ich, worum es ging. Diese junge Frau war eine der Putzhilfen unserer Wohnanlage. Anscheinend hatte man sie in der Nebenwohnung beim „Naschen" von Alkohol erwischt. Nun roch ich auch, dass sie leicht alkoholisiert war. Jetzt hatte man sie fristlos entlassen. Mit tränenerstickter Stimme erzählte sie mir, dass sie befürchtete, dass ihr Mann sie jetzt, wo sie ohne Arbeit dastand, grausam misshandeln würde. Da er zu Gewaltausbrüchen neigte, sah sie ihr Ende nahen.

Ich konnte das alles nicht so recht glauben, wollte aber auf jeden Fall versuchen, der verhärmten jungen Frau zu helfen. Während sie in meinem Wohnzimmer saß und wartete, eilte ich zur „Caretakerin" (Hausmeisterin), die alle Macht über die Hausangestellten in Händen hielt. Sie hieß Carol, war um die dreißig Jahre alt, also ungefähr so alt wie ich, und eine hundertprozentige Apartheidsbefürworterin. Normalerweise versuchte ich, ihr aus dem Weg zu gehen, denn sie wirkte auf mich wie ein „Blockwart", tückisch und gefühllos. Nun musste ich in die Höhle des Löwen. Zaghaft fragte ich sie, ob sie die junge Zulufrau entlassen hätte. Als sie dies bejahte, erzählte ich von den Gewalttaten des Mannes und fragte, ob sie es nicht noch einmal mit der Frau versuchen wolle. Carols Augen blitzten mich giftig an. Ohne lange Vorreden wies sie darauf hin, dass sie die Ausländerpolizei einschalten würde, wenn ich mich nicht sofort aus dem Staub machte. Sie selbst würde für einen Landesverweis sorgen, sollte ich ihr noch einmal mit solchen absurden Einfällen kommen. Als die Apartheid in Südafrika offiziell für beendet galt, verließ das damalige Hausmeisterehepaar, Carol und Berry Le Roux, sofort das Land.

Mich schreckte weder die Drohung mit der Geheimpolizei, noch der mögliche Landesverweis. Wir würden überall auf der Welt einen Platz finden, aber die junge Frau würde es weiterhin schwer haben. Es tat mir leid, dass ich nichts für die traurige Person in meinem Wohnzimmer tun konnte. Die junge Zulufrau, die sich inzwischen etwas beruhigt hatte, fing erneut mit dem Wehklagen an, als sie hörte, dass ihre Kündigung nicht rückgängig gemacht worden war. Als kleines Trostpflaster gab ich ihr ein paar Kleidungsstücke von mir. Mit hängenden Schultern zog sie mit dem Bündel von dannen. Ich habe sie nie mehr gesehen oder von ihr gehört. Ganz bestimmt sah sie keiner rosigen Zukunft entgegen.

In dieser Zeit wurde auch Sebastian das Leben mit Drohungen des Geheimdiensts schwer gemacht. Er hatte sich strafbar gemacht, weil er in der Firma eine separate Weihnachtsfeier für die schwarzen Lagerarbeiter veranstaltet hatte. Kurz vor Dienstschluss hatte es eine kleine Feierstunde gegeben, die mit ein paar Sandwiches, Bier und Musik aus dem Transistorradio verschönt worden war. Da die Betriebsangehörigen rechtzeitig ihren Zug nach Soweto erreichen mussten, konnte diese kleine Zusammenkunft von vorne herein nicht ausarten. Da waren nun sechs junge Menschen, die mit Sebs redeten, lachten, Musik hörten und sich etwas entspannter als sonst verhielten. Wenn man mit der weißen Belegschaft eine Weihnachtsfeier veranstaltete, so Sebastian, musste man dies gerechterweise auch mit anderen Angestellten der Firma tun. Ein weißer Firmenangestellter, der von dieser Zusammenkunft erfahren hatte, drohte mit der Ausländerpolizei.

Trotz der Stimmung im Betrieb machte sich Sebastian dafür stark, dass schwarze Mitarbeiter den VW-Firmenbus für eine Fahrt nach Swaziland benutzen durften. Dort wollten sie ihre Familien besuchen, die sie schon länger nicht gesehen hatten. Sebs hatte es schwer, sich gegen die anderen Mitarbeiter durchzusetzen, aber er schaffte es. Und so machten sich sechs junge Männer auf nach Swaziland zu einem langen Wochenende jenseits von Rassendiskriminierung und Apartheid. Als die jungen Leute nicht wie verabredet am Montag im Betrieb erschienen, wurden viele kritische Stimmen laut. Schwarze seien nicht zuverlässig. Sebs mahnte zur Ruhe und war ganz zuversichtlich, und wirklich fanden sich am folgenden

Tag, einem Dienstag, alle Swaziland-Reisenden wieder zur Arbeit ein. Eine Panne war für die eintägige Verspätung verantwortlich gewesen.

Sebastian sah jedoch für die nahe Zukunft keine wesentliche Verbesserung der Verhältnisse. Er eckte immer häufiger bei linientreuen Dienern des Staats an und sah sich ständig mit Apartheids-Befürwortern konfrontiert, die die Macht über die Mehrheit der Bevölkerung des Landes behalten wollten. Nach einem vierjährigen Aufenthalt begann er sich allmählich mit dem Gedanken anzufreunden, dieses wunderschöne Land, das die Wiege der Menschheit gewesen war, zu verlassen. Sein Kind sollte nicht in einem Land aufwachsen, das Rassenhass predigte und demzufolge unmenschlich handelte.

Da Sebastian im Pharmabereich tätig war, hatte er ständig mit Ärzten zu tun. So erfuhr er von einen deutschen Assistenzarzt, der ein halbes Jahr an einer großen südafrikanischen Klinik gearbeitet hatte, dass jungen schwarzen Frauen unter dem Vorwand einer Blinddarmoperation die Eileiter durchtrennt wurden. Ohne ihr Wissen wurden sie sterilisiert. Im riesigen Baraghanath Hospital, dem größten Krankenhaus Südafrikas, arbeiteten Mediziner und Heilkundige aller Rassen, Schwarze, Weiße, Inder und Mischlinge. Für die Einführung ihrer neuen Produkte mussten die Pharma-Referenten der verschiedenen Arzneifirmen zuvor ein Termin vereinbaren, denn die Rassentrennung machte alles kompliziert. Wenn neue Medikamente in der Teepause des Baraghanath-Hospitals vorgestellt wurden, war Sebastians gesamte Außendienst-Mannschaft gefragt, denn für Inder, Schwarze, Gemischtrassige und weiße Ärzte gab es unterschiedliche Eingänge, Tearooms und sogar separate Toiletten.

Als Sebs es eines Tages mit einer medizinischen Kapazität auf dem Gebiet der Rheumaforschung zu tun hatte, einem Inder, der von den USA nach Johannesburg gekommen war, gab es für die Beiden kaum eine Möglichkeit sich zu unterhalten. Für ein gemischtrassiges Treffen musste man in jener Zeit in Pretoria etwa eine Woche vorher eine Erlaubnis einholen. Dann erhielt man die Möglichkeit, sich am Flughafen in der Transitzone, im „Holiday Inn" am Flughafen oder im „President Hotel" mit einem dunkelhäutigen Gesprächspartner auszutauschen. Der Nicht-Weiße erhielt dann vorübergehend den Status einer „Honorable Black Person". Der indische Arzt, der sich hervorragend mit Sebastian verstand, tröstete ihn mit dem Hinweis, dass man sich vielleicht irgendwann in einem anderen Land gemeinsam in der Öffentlichkeit zu einem weiteren Austausch begegnen könnte.

Als unser Lufthansa-Freund einmal in Umtata, der Hauptstadt der Transkei, die als Homeland von Schwarzen regiert wird, geschäftlich zu tun hatte, wurde er vom dortigen schwarzen Hotelmanagement als „Honorable

G.P.-S.33094—1968-69—200-155.

Republiek van Suid-Afrika
Departement van Gemeenskapsbou

Republic of South Africa
Department of Community Development

24151

PERMIT

[Uitgereik kragtens artikel 21 van die Wet op Groepsgebiede, 1966 (Wet No. 36 van 1966)]
[Issued in terms of section 21 of the Group Areas Act, 1966 (Act No. 36 of 1966)]

Lêer No. **32/1/4466/6**
File No.

1. Uitgereik aan
   Issued to

   MISS L. WINKLE

   (WHITE)

2. Ten opsigte van die grond of perseel
   In respect of the land or premises

   Landdrost Hotel, Lansdowne

3. (*a*) Doel waarvoor uitgereik
   Purpose for which Issued

   to occupy from 17th until 21st July, 1972, for the purpose of
   conducting a course for members of the Coloured Group in the
   Helena Rubinstein products and the selling thereof.

   (*b*) Onderworpe aan die voorwaardes
   Subject to the conditions

   THAT (i) Miss ████████ may as the only White occupy the hotel;
      (ii) Separate toilet facilities be provided for Miss Winkle at
         the hotel;
      (iii) The White representative shall not be allowed to have lunch
         with the Coloureds at the hotel; and
      (iv) The lounge must be closed to the public during the training
         course.

4. In die geval van 'n verkryging van onroerende goed of die okkupasie van grond of 'n perseel verval hierdie permit as die
   In the case of the acquisition of immovable property or the occupation of land or premises this permit will lapse if the immovable

   betrokke onroerende goed nie verkry of die grond of perseel nie ingevolge die permit geokkupeer word hinne
   property concerned is not acquired or the land or premises occupied in terms of this permit within

   maande vanaf die datum hiervan nie.

____
Gemagtigde uitreikingsbeampte
Authorized issuing officer

White Person" eingestuft und durfte erst dann im Holiday Inn, das nur für farbige Hotelgäste reserviert war, übernachten.

Der Versuch, die gesamte Bevölkerung in Rassen einzuteilen, machte das Leben in Südafrika kompliziert. Ein Blick in die entsprechende Eintragung bei Wikipedia zeigt, dass „Bantu" ein Begriff für 400 verschiedene Ethnien Süd-und Mittelafrikas ist. Im Sprachgebrauch der weißen Südafrikaner wird Bantu häufig als Bezeichnung für alle „Subsahara-Afrikaner" verwendet.

Die ethnische Hauptgruppen in Südafrika sind: Schwarze, Weiße, Farbige und Asiaten. Südafrika gilt als eines der ethnisch vielfältigsten Länder des afrikanischen Kontinents. Neben vielen verschiedenen afrikanischen Ethnien gibt es die Nachfahren niederländischer, deutscher, französischer, britischer und asiatischer Einwanderer. So bezeichnet man das multikulturelle Südafrika auch als „Regenbogennation".

Die Schwarzafrikaner stellen in Südafrika knapp 80 Prozent der Gesamtbevölkerung, die Hellhäutigen, die einst im Zuge des Kolonialismus als Abenteurer, Siedler oder Farmer ins Land gekommen waren, machen nicht einmal zehn Prozent der Bevölkerung aus. Als „Mischlinge gelten neun Prozent der Bevölkerung.

Die Inder in Südafrika bilden mit drei Millionen Menschen eine der größten Diaspora-Gruppen Indiens. Inder kamen als Sklaven durch die Niederländische Ostindien Kompanie ins Land, und als die Briten zu Beginn des 20. Jahrhunderts in Afrika das Eisenbahnnetz intensiv auszubauen begannen, kamen ebenfalls indische Arbeitskräfte ins Land. Selbst Ghandi lebte fast 20 Jahre in Südafrika und versuchte sich als Rechtsanwalt, Widerstandskämpfer, Revolutionär, Publizist, Morallehrer, Asket und Pazifist.

Hugenotten, die in Frankreich verfolgt wurden, kamen zwischen 1685 und 1692 in kleinen Gruppen ans Kap der guten Hoffnung. Einige der aus Frankreich Geflüchteten brachten ihr Wissen um den Weinanbau mit. Sie ließen sich im Drakenstein-Tal nieder, das als Franschhoek (französische Ecke) bekannt ist. Zuvor hatte Jan van Riebeeck im Auftrag der Niederländischen Ostindien Kompanie in der Tafelbucht einen Stützpunkt errichtet. Da er bei seiner Ankunft das Land für den Weinanbau geeignet sah, kamen 1655 die ersten Schiffsladungen mit Weinreben. 1659 kelterte van Riebeeck den ersten Wein. Er ahnte damals nicht, dass aus der kleinen Raststelle für die niederländischen Indienfahrer eines der bedeutendsten Weinländer der südlichen Hemisphäre werden sollte.

Die Schwarzen, die den Großteil der südafrikanischen Bevölkerung darstellen, setzen sich aus vielen einzelnen Völkern und Volksstämmen zusammen. Zu den wichtigsten und ältesten Volksstämmen zählen die Bantu, die Buschmänner San und die Khoi Khoi genannten Hottentotten.

Allein die Bantu kann man nochmals in neun verschiedene Völker unterteilen, darunter die Zulu, die noch einmal 200 unterschiedliche Stämme bilden. Zu den einflussreichsten Völkern Südafrikas zählen – neben den Zulus und Xhosa, die Nord-Sotho, Süd-Sotho, Tswana, Swasi, Ndebele, Tsonga und Venda. Viele Stämme pflegen noch ihre alten Traditionen und leben auf dem Land in Sippen- und Stammesverbänden, was eine gewisse soziale Absicherung bietet.

Als Mischlinge oder Farbige wurden in Südafrika Menschen bezeichnet, deren Vorfahren zum Teil Weiße, zum Teil Schwarze oder Asiaten waren. Wenn sie ihre Herkunft weit genug zurückverfolgen, spalten sich ihre Vorfahren in Weiße und Eingeborene und einem komplizierten Geflecht aus anderen Volksstämmen. Die meisten Farbigen sprechen keine afrikanischen Sprachen sondern meist nur Afrikaans. Ihre Religion, ihre Institutionen, alles, was ihre Kultur geprägt hat, ist burischer Herkunft. Der Autor Trevor Noah (Farbenblind, S. 139,140) resümiert: „In dieser Hinsicht ist die Geschichte der Farbigen noch trostloser als die Geschichte der Schwarzen. Bei allem, was die Schwarzen erleiden mussten, wissen sie zumindest, wer sie sind. Die Farbigen wissen es nicht."

Milch aus der Bar: Die letzten Weihnachtsferien

Unsere letzten Weihnachtsferien in Südafrika verlebten wir in Kapstadt. Die weite Reise machten wir mit unserer kleinen Tochter mit dem Auto und waren 14 Stunden unterwegs. Auch dieses Mal hatten wir ein großes Zimmer mit gemütlicher Aufenthaltsecke in dem familiären Elizabeth-Hotel gebucht, das im viktorianischen Stil erbaut worden war und im Stadtteil Sea Point lag. Der Blick vom Erkerfenster fiel direkt auf die Strandpromenade, im Hintergrund das blauen Meer. Als schmaler Landstreifen war Robben Island, das ca. 20 Kilometer vom Festland entfernt liegt, im Wasser zu erkennen, die Verbannungsstätte Nelson Mandelas und vieler anderer Häftlinge.

Vom Hotelfenster aus sahen wir ebenfalls auf den „Sea Point Pavillion Pool", der mit Meerwasser gefüllt war. Um das große Schwimmbecken war eine Tribüne gebaut, anscheinend fanden hier Wettschwimmen statt. Tagsüber trafen sich hier junge Leute, die gemeinsam musizierten. Einmal zog eine bunt zusammengewürfelte Gruppe von etwa 15 jungen Weißen sämtliche Spaziergänger an. Sie spielten sehr rhythmisch auf den verschiedensten Perkussionsinstrumenten und zogen durch ihre heißen Klänge alle in ihren Bann. Mir fiel eine alte Frau auf, die sich zur Gruppe gesellt hatte, und ebenfalls wild aber harmonisch auf ihr Instrument einschlug. Ich bewunderte und beneidete sie für ihr Können und ihren Mut.

Manchmal gingen wir mit unserer Tochter an den Strand von Camps Bay, wo sie vergnügt im Sand spielte. Kaum einen Menschen trafen wir bei unseren Wanderungen am endlos langen, weißen Strand von Somerset West. Wir besichtigten einige Museen in Kapstadt, bewunderten das hübsche Regierungsgebäude, das in einer gepflegten Parkanlage liegt und nur sechs Monate im Jahr benutzt wird, weil während der restlichen Monate Pretoria Regierungssitz ist. Wir besuchten Simonstown, das Kap der Guten Hoffnung, Stellenbosch, Franschhoek und auch den Botanischen Garten in Kirstenbosch, der wunderschön auf der Rückseite des Tafelbergs gelegen ist.

Es war eine Lust, zwischen den vielen exotischen Pflanzen, Bäumen und Sträuchern mit ihren farbigen Blüten umher zu wandeln. Irgendeine der vielen unterschiedlichen Protea-Sorten blüht hier im Park immer. Das Hafengelände, wo wir uns die Schiffe aus der Nähe ansahen, erwies sich als unwegsam und hatte außer herumliegenden, ölverschmierten Ankerketten, Schmutz und Ölgestank nicht viel zu bieten, heute ist der Hafen ein Besuchermagnet.

Bei unseren kleinen Ausfahrten nahmen wir oft dunkelhäutige Fußgänger mit, die aus Geldmangel gezwungen waren, weite Strecken zu Fuß zu gehen. Kurz vor Weihnachten, die Straßen waren leergefegt, fiel uns ein junger, kräftig gebauten Mann auf, der sich mit einem Ungetüm von Koffer abmühte. Wenn er damit zum Bahnhof wollte, wie wir vermuteten, hatte er noch eine lange Wegstrecke vor sich. Wir hielten an und fragten, ob wir ihn mitnehmen könnten. Der junge Mann wunderte sich, freute sich dann jedoch über unser Angebot. Zu zweit wuchteten die Männer das massive Gepäckstück in den Kofferraum, während ich inzwischen mit unserer Tochter auf den Rücksitz Platz genommen hatte. Der junge Fremde, der unserer Hilfsbereitschaft nicht recht zu trauen wagte, setzte sich schweigend neben Sebastian. Dieser konnte unserem scheuen Fahrgast schließlich doch entlocken, dass er auf dem Weg zu seiner Familie in die Transkei sei, wo er das Weihnachtsfest verbringen wollte. Nach etlichen Kilometern erreichten wir endlich den Bahnhof. Zu Fuß hätte der junge Zulu mit seinem schweren Koffer sicherlich lange gebraucht. Sebastian entließ den schüchternen Mann am Bahnhof, wünschte ihm alles Gute und drückte ihm ein paar Rand in die Hand. Sicher konnte dieser die unerwartete Spende gut gebrauchen. Seine dunklen Augen strahlten Sebastian dankbar an. Dabei hätte sich der junge Zulu sicher selbst gerne für die Mitfahrgelegenheit revanchiert.

Der Heilige Abend wird in anderen Teilen der Erde nicht so feierlich begangen wie im winterlichen Deutschland. Als wir uns am 24. Dezember 1974 im Hotel-Restaurant unser Festessen einnahmen, war der Tisch mit

Pappnasen, Luftschlangen und Tröten dekoriert und weckte den Eindruck einer Karnevalssitzung. Mich störte das überhaupt nicht. Ich wollte keine Sentimentalität oder Rührseligkeit aufkommen lassen. Am Heiligen Abend spielte im Elizabeth-Hotel eine Jazzband wie an den gewöhnlichen Wochenenden auch. Die aus alten, hellhäutigen Herren bestehende Band spielte mit sichtlicher Freude am Musizieren voller Elan und Lebensfreude auf ihren Instrumenten und sorgte für mitreißende und schwungvolle Musik. Das Publikum war hingerissen und legte nach dem Essen eine heiße Sohle aufs Parkett. Es wurde noch lange getanzt in dieser Nacht, aber ohne uns.

Für uns war der Weihnachtsabend nicht so entspannend, denn alle halbe Stunde schauten wir abwechseln nach unserer Tochter. Wir schlichen jedes Mal mit einem schlechten Gewissen in das Restaurant zurück, denn Natalie schlief nicht tief und fest, sondern lag wach im Bett und schien still auf unsere Rückkehr zu warten. Deshalb war für uns der Abend im Hotelrestaurant nach dem Essen beendet, nachdem wir gebührend die Tröten, Trillerpfeifen und Luftschlangen benutzt hatten und die Gummis der Pappnasen gerissen waren. Während die Stimmung ihren Höhepunkt erreichte und die Band richtig in Schwung kam, schlichen wir uns auf unser Zimmer, wo Natalie keinerlei Ermüdungserscheinungen zeigte und unterhalten werden wollte. Wir konnten noch lange nicht schlafen, denn auf der Strandpromenade wurde geböllert, geschrieen und gelacht.

Es dauerte eine ganze Weile, bis wir in den wohlverdienten Schlaf fielen. Aber schon in den frühen Morgenstunden klopfte der Boy heftig an die Tür und stand da mit einem Tablett mit einer dampfender Teekanne. Den Tee wollten wir so früh eigentlich gar nicht haben. Jetzt war unsere Tochter wieder wach und verlangte sofort nach ihrer Milch. Es dauerte eine Ewigkeit, bis sich jemand um unsere Bestellung kümmerte. Erst nach mehrmaligen Anrufen beim Hausservice, bei denen sich zeigte, dass die Milch nicht aus der Küche, sondern aus der Bar zu kommen schien, war es endlich soweit. Natalie beruhigte sich sofort, als sie die Milch bekommen hatte. An Schlaf war nicht mehr zu denken. Später saßen wir drei auf unserer kleinen privaten Terrasse und genossen das üppige englische Frühstück. Als erstes wurde eine Schüssel Porridge serviert, dann folgten gebratener und geräucherter Fisch und Bratkartoffeln zusammen mit einer Reihe kleiner roter Bratwürstchen. Toast und Marmelade und Früchte fehlten nicht. Die erste Mahlzeit des Tages war viel zu üppig, trotzdem genoss ich diese Tage des gehaltvollen und vielseitigen Frühstücks.

Hier im Hotel, wie wahrscheinlich in allen anderen Herbergen des Landes auch, galten damals konservative britische Regeln. Am Nachmittag zwischen 16 und 18 Uhr war die Bar, die in der Regel nur für Männer zugänglich war, geschlossen. Mir persönlich machte das nicht viel aus. In die Ladies-Bar wollte ich erst recht nicht gehen. Um diese christliche Uhrzeit, also vor achtzehn Uhr am späten Nachmittag, wollte ich nur Milch für unsere Tochter bestellen. Aber erneut teilte mir das Hotelpersonal mit, dass die Bar geschlossen sei. Für Milch wurde zur strengen britischen „closing time" keine Ausnahme gemacht.

Anfang 1975 nach unserem Urlaub in Kapstadt konnten wir in Johannesburg langsam damit beginnen, uns auf den Umzug vorzubereiten. In den folgenden Wochen sortierte ich alles aus meinen Schränken aus, was ich nicht mitnehmen wollte. Anna und Maria schleppten voll Freude Gegenstände mit nach Hause, die man getrost hätte wegwerfen können. Anna riss sich geradezu um einen Teil des Spiegel-Aufsatzes einer Frisier-Kommode, deren Seitenteile je einen Riss hatten. Von mir aus konnte sie den Spiegel mitnehmen, nur wie wollte sie das bewerkstelligen? Zwar war das Spiegelglas, das auf Holz montiert war, sehr schmal, dafür aber über einen Meter lang. Für Anna waren die vielen Gepäckstücke kein Problem. Der lange Spiegel landete auf ihrem Kopf, in der rechten und der linken Hand trug sie Tüten mit schwerem Hausrat. Sie balancierte stolz und graziös die schwere Last, ohne sich noch einmal umzudrehen. Am Tag des Abschieds, meinte ich, eine Träne in Annas Augenwinkel entdeckt zu haben. Die treue Maria erhielt Handtücher, Bettwäsche und warme Decken. Sie weinte sehr, als wir uns zum Abschied umarmten.

Während unserer zwei Jahre in Randburg, waren mir auf dem Weg zum Einkaufen im Supermarkt oft drei Frauen aufgefallen, die auf einer Decke am Straßenrand saßen und Handarbeiten feilboten. Die drei nicht mehr so jungen Frauen waren stets mit unterschiedlichen Strick- und Häkelarbeiten beschäftigt. Sie arbeiteten an winzigen Baby-Schuhen, Mützchen und kleine Anzügen, zu ihrem Angebot gehörten auch Umschlagtücher für Erwachsene. Irgendwann kamen wir ins Gespräch. Ich gab bei ihnen einige Bestellungen in Auftrag, um sie ein wenig zu unterstützen, und erfuhr dafür von ihnen einiges über ihr Leben. Eine der Frauen, eine unerschrockene Zulufrau namens Irene Dube, berichtete mir von ihren beiden Kindern, die in Swaziland zur Schule gingen. Ihr Mann war vor vielen Jahren zur See gefahren und hatte auf diese Weise eine Welt ohne Apartheid kennengelernt. Er war ein intelligenter Mann. Er hatte wohl auch in Swaziland sein Abitur gemacht, was ihm in Südafrika jedoch nicht viel nützte, denn hier waren alle Schwarzen nur Handlanger. Gespannt hörte ich Irenes Geschichten zu, die aus einer mir unbekannten Welt stammten. Ich konnte den Menschen nur zuhören, sonst konnte ich gar nichts für sie tun. Meine drei Handarbeiterinnen schienen sich jedoch über unseren normalen Kontakt zu freuen.

Als wir unsere Zelte in Johannesburg abbrachen, lud ich die drei Frauen zu mir nach Hause ein, wo sie sich Kleidungsstücke für sich, ihre Männer und andere Angehörige aussuchen sollten, denn ich wollte mit wenig Ballast nach Europa zurückreisen. Als die Damen in unser Schlafzimmer und an den Kleiderschrank traten, kam es zu regem Geschnatter und lauten Freudenjauchzern. Ich verstand von all dem nichts, denn die aufgeregten Frauen unterhielten sich überschwänglich in ihrer Muttersprache. Sie hielten sich probehalber Kleider und Blusen vor die Körper, drehten und wendeten sich vor dem Spiegel, befühlten Stoffe, diskutierten und gestikulierten euphorisch und schienen mich überhaupt nicht mehr zu bemerken. Sie machten keinerlei Anstalten wieder zu gehen. Die Anprobe dauerte fast zwei Stunden, dann zogen sie mit ihren neuen Errungenschaften fröhlich von dannen, nachdem sie sich beim Verlassen unserer Wohnung vorsichtig umgesehen hatten.

Am Tag unserer Abreise hatte ich an meine drei Zulufrauen gar nicht mehr gedacht, da erschienen alle drei und brachten üppige Geschenke mit, die mich zu Tränen rührten. Für unsere Tochter hatten sie verschiedene Häkelarbeiten dabei. Ein wunderschöner geflochtenen Korb war darunter, der zwar etwas sperrig war, aber auf jeden Fall mit nach Deutschland musste. Er hat mir viele Jahre als Einkaufskorb gedient. Auch Süßigkeiten und Früchte hatten sie mitgebracht. Ich war überwältigt von dieser unerwarteten Geste. Lange gab jeder jedem gute Wünsche mit auf den Weg, bis Sebastian drängte, dass wir endlich zum Flughafen müssten, wenn wir unser Flugzeug nicht verpassen wollten. Zum Schluss drückte mir Irene Dube einen Zettel mit ihrer Postadresse in die Hand, dann verabschiedeten wir uns laut und überschwänglich und überspielten so die Gewissheit, dass wir uns nie wieder sehen würden.

Den Weg von unserem ehemaligen Zuhause bis zum Flughafen legte ich bedrückt und völlig niedergeschlagen zurück. Der Abschied von diesem schönen Land mit seinen herzlichen und liebenswürdigen Menschen fiel mir schwer. Ich zog fort von einem Garten Eden, der für eine Minderheit ein üppiges Paradies war. Für die Mehrheit jedoch war dieses Land eine seit vielen Jahren andauernde Hölle, ein bedrückender Ort der Finsternis und Knechtschaft. Aus meinem geheimen Vorsatz, mit Winnie Mandela im Untergrund gegen die Apartheid zu kämpfen, ist natürlich nichts geworden. Mir blieb nur, mich nach vier Jahren von den Menschen, die mir so sehr ans Herz gewachsen waren, zu verabschieden und sie ihrem ungewissen Schicksal zu überlassen. Trotz der schlimmen, menschenunwürdigen Apartheid, möchte ich keinen Tag dieser vier Jahre am südlichsten Zipfel Afrikas missen. Für die unerschrockene und starke Winnie Mandela hege ich bis heute große Bewunderung.

Bald nach meiner Abreise erhielt ich von Frau Dube aus Soweto einen Brief, den ich sofort beantwortete. Dann hörte ich nichts mehr von ihr. Ich hatte ihr unsere restlichen Barbestände, ein paar Rand, in den Umschlag gelegt. Sollte sie deshalb Schwierigkeiten bekommen haben? Ich habe es nie erfahren.

Genau 30 Jahre sind vergangen, bis ich meine Füße wieder auf südafrikanischen Boden setzte konnte.

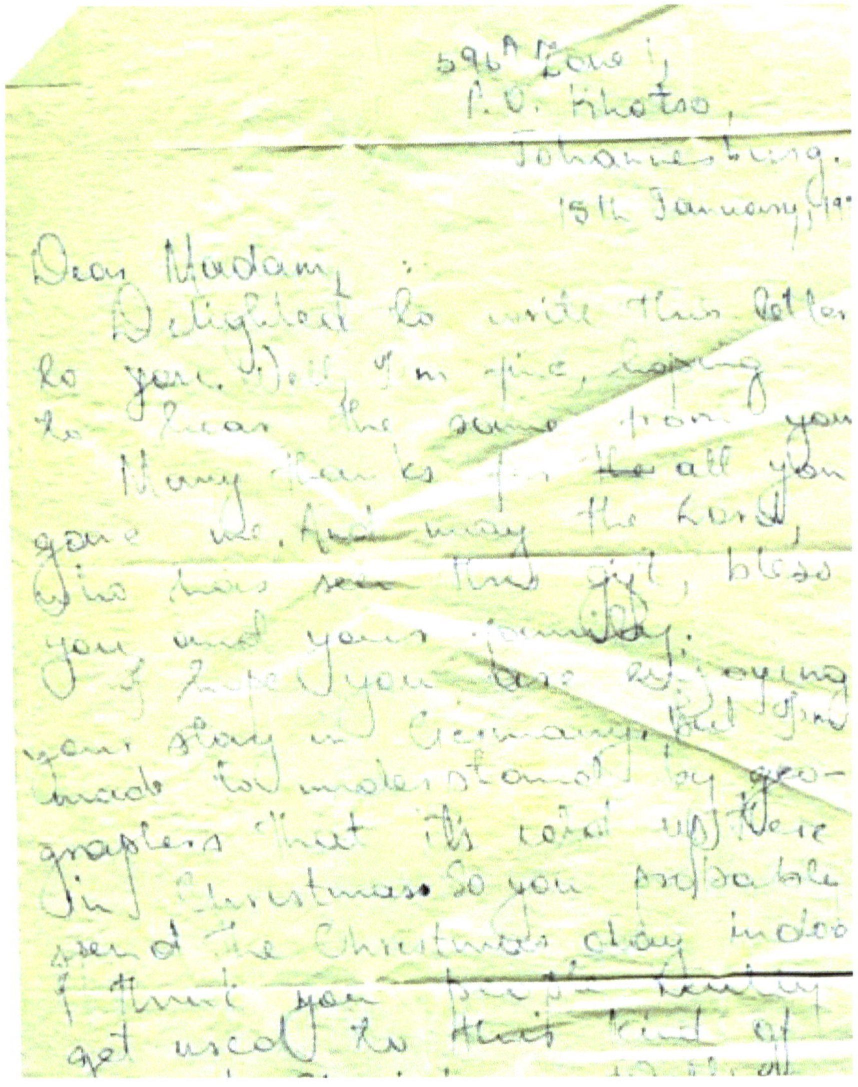

Treffpunkt: McDonald's in Sommerset West

Von Johannesburg bis Kapstadt ohne Apartheid

Schon lange war eine Reise nach Südafrika geplant, wo der Grundstein für unsere Familie gelegt worden war. Freunde, die wir in Madrid kennengelernt hatten und die seit einigen Jahren in Kapstadt lebten, hatten uns bereits mehrmals eingeladen. Diese Pläne wurden erst am 28. September 2005 Wirklichkeit. Natürlich waren wir brennend neugierig zu sehen, wie sich das Land nach der Abschaffung der Apartheid entwickelt hatte.

Als wir das Flugzeug der Fluggesellschaft South African Airways verließen, waren sie wieder da wie bei meiner ersten Ankunft in Johannesburg, das gleißend helle Sonnenlicht, der glasklare wolkenlose Himmel und die kühle Luft eines frühen Morgens, die zum Durchatmen einlud. Die Stadt liegt auf einem Hochplateau von knapp 2000 Metern. Die Luftverschmutzung ist deswegen gering.

Auf dem Fußweg von der Maschine ins Flughafengebäude bemerkte ich gleich die umfangreichen Erweiterungsmaßnahmen. Mir war von meiner Ankunft 1971 als Empfangsgebäude eine Art Bretterbude auf dem Rollfeld in Erinnerung geblieben, die allerdings im Rahmen eines Umbaus mit einem Gerüst versehen war. Der Weg ins Innere des Flughafengebäudes führte an provisorisch erstellten Holzwänden vorbei und bis in die Ankunftshalle hinein liefen die Passagiere über ausgelegte Holzlatten. Schon 1975 als wir nach Europa zurückkehrten, hatte der erweiterte Johannesburger Flughafen, dessen rotbrauner Marmorboden mich damals sehr beeindruckte, bereits internationalen Standard erreicht. Inzwischen war das Flughafengebäude erneut vergrößert worden.

Mehrere Maschinen waren gleichzeitig auf dem Jan-Smuts-Flughafen gelandet. Dementsprechend lange standen wir in der Warteschlange vor den Passkontrollen. Während wir geduldig in der Schlange vorrückten, sammelte ich neue Eindrücke. Obwohl es für ein afrikanisches Land normal ist, dass dunkelhäutige Menschen die tägliche Arbeit verrichten, grenzte es jetzt für meine Augen nach der Apartheidszeit an ein Wunder, dass man im Flughafen nun afrikanisches Personal in allen beruflichen Positionen sah, was vor über 30 Jahren undenkbar gewesen war.

Während der gesamten Zeit der Apartheidsregierung, und selbstverständlich in den siebziger Jahren, als ich dort war, waren den Schwarzen nur Handlangerarbeiten erlaubt. In einem Spiegel-Artikel von 1971 konnte man damals lesen: „Wer in Afrika mit schwarzer Haut geboren wird, bleibt sein Leben lang rechtlos. Er muss ziehen, wohin ihn der weiße Mann befiehlt; er muss die Arbeit annehmen, die dieser ihm zuweist, und er darf nicht streiken. Weiße allein bestimmen den politischen Weg Südafrikas; Weiße allein herrschen in der Wirtschaft wie in der Verwaltung, in der Justiz wie in der Armee. Die Ausbeutung der nicht weißen Mehrheit durch die weiße Minderheit ist gesetzlich legitimiert, vom Staat gewollt: Per Gesetz legen die Weißen fest, dass alle qualifizierten und besser bezahlten Berufstätigkeiten Weißen vorbehalten bleiben."

Was auf der ganzen Welt normal ist, war nun auch hier in Südafrika nach der Aufhebung der Apartheid Alltag geworden. Dass jetzt Afrikaner in allen Arbeits- und Lebensbereichen tätig waren, freute mich sehr.

Schon beim abendlichen Abflug am Frankfurter Flughafen war mir aufgefallen, dass etliche dunkelhäutige Menschen mit uns flogen, was ich früher nie oder selten erlebt hatte. Alte Erinnerungen tauchten auf, als ich einige in Wolldecken gehüllte Afrikanerinnen in der Abflughalle sah, die ihr Gepäck in großen Bündeln auf dem Kopf trugen. Während des Nachtfluges musste der Flugkapitän mehrmals speziell diese Passagiere ermahnen, sich aus Sicherheitsgründen vom Fußboden zu erheben, wo sie sich gemütlich zur Ruhe gebettet hatten.

Die Flugzeug-Crew bestand ausschließlich aus jungen Leuten. Es waren ansehnliche Inder und hübsche Afrikanerinnen, von denen ich mir wünschte, dass sie eine gute Ausbildung genossen hatten. Noch während der Nacht konnten sich einige der jungen Stewards bewähren, denn in der Sitzreihe hinter mir erlitt ein älterer Passagier einen Kreislaufkollaps. Das Personal eilte herbei und versorgte den Mann mit Sauerstoff. Mit Erfolg, wie sich später herausstellte. Zuerst hatte der Kollabierte mit offenem Mund und leichenblass mehr tot als lebendig in seinem Sitz gehangen, doch dann wurden nach einer Weile seine Wangen wieder rosig. Auch ein Arzt, der sich an Bord befand, konnte nicht viel mehr für den älteren Herrn tun als das SAA-Personal bereits unternommen hatte. Bei der Ankunft auf dem Jan-Smuts-Flughafen morgens um sieben Uhr konnte der zuvor Ohnmächtige ohne fremde Hilfe das Flugzeug verlassen.

Nachdem wir endlich die Hürde der Passkontrolle genommen und unser Gepäck abgeholt hatten, erwartete uns ein Fahrer des Hyatt-Park Hotels in Rosebank. Mir fiel sofort auf, dass in der riesigen Parkgarage relativ neue Fahrzeuge standen. Sie waren alle weiß. Ob die weiße Farbe für die Autofahrer nur ein momentaner Trend war? Vielleicht sollte sie auch nur vor der starken Sonneneinstrahlung schützten? Auf dem Weg ins Hotel sahen wir weiße Luxusmarken, wie Mercedes, BMW und Jaguar-Modelle, die bevorzugte deutsche Automarke schien jedoch der VW zu sein.

Unser junger Fahrer war sehr zurückhaltend. Es gelang uns kaum, ihm auf dem Weg ins Hotel einige Antworten auf unsere Fragen zu entlocken. Nach dreißig Jahren Abwesenheit erkannten wir die Stadt, die uns für einige Jahre eine Heimat geboten hatte, kaum wieder. Die goldgelben pyramidenförmigen Erd-Aufhäufungen der ehemaligen Goldminen waren immer noch da. Aber das Marymount-Hospital, wo unsere Tochter zur Welt gekommen war, war einem Neubau gewichen. In der Zwischenzeit hatte die Stadt, in der viele neue Bauwerke, vor allem Hochhäuser, entstanden waren, ihr Gesicht verändert.

Als wir an diesem Morgen das Hyatt-Park Hotel in Rosebank erreichten, stellten wir fest, dass der Vorort, in dem früher nur vereinzelte Häuser gestanden hatten, komplett mit der großen Industriestadt zusammengewachsen war. Rosebank lag in den siebziger Jahren weit außerhalb Johannesburgs. Es war damals eine bevorzugte Wohn- und Villengegend, in der sich eines der ersten Shoppingcenter und einige wenige Hotels befanden. Um diesen Vorort von Johannesburg zu erreichen, fuhr man etliche Kilometer durch unberührte Natur.

Der Sohn unserer Freunde, die wir aus Madrid kannten, war der Assistant-Manager in diesem Hotel. Er empfing uns freundlich und mit großer Aufmerksamkeit. Seine Eltern sollten wir am Ende unserer Reise in Kapstadt besuchen, zunächst jedoch war eine Rundreise durch das große Land geplant. Im Zimmer erwarteten uns Blumen und ein üppiger Früchteteller. Gleich nach unserer Ankunft wurden wir vom Sohn unserer Freunde in die kleine Lounge in der oberen Etage des Hotels zu einem Imbiss gebeten. In diesem Rahmen besprachen wir mit ihm den weiteren Verlauf unserer Reise.

Vom Panorama-Fenster aus hatte man eine grandiose Aussicht auf die Umgebung, die mir auf den ersten Blick fremd vorkam. Es dauerte eine Weile, bis ich am Fernsehturm erkannte, dass wir auf die Hillbrowhügel schauten. Früher war dort das „Statesman" mit seinen 16 Etagen das höchste Gebäude gewesen und neben dem Fernsehturm leicht auszumachen. Inzwischen waren so viele Wolkenkratzer hinzugekommen, dass sich die ehemals vertrauten Umrisse Hillbrows stark verändert hatten.

Wir wurden ermahnt, uns bei der Erkundung der Gegend nicht zu weit vom Hotel zu entfernen und Fremden gegenüber skeptisch zu sein. Das Hotel hatte Kontakte zu vertrauenswürdigen Unternehmen, deren Bustouren man sich als Tourist bedenkenlos anschließen konnte.

Meine anfängliche Begeisterung begann zu verfliegen, als wir erfuhren, dass die jungen afrikanischen Angestellten an ihren Schreibmaschinen, die nett und adrett ihre Arbeit verrichteten, ihr Leben mit einem knappen Gehalt finanzieren mussten. Wir wären sicher nicht so eindringlich vor

Dieben gewarnt worden, wenn die Kriminalitätsrate im Land nicht hoch gewesen wäre. Millionen von Schwarzen waren immer noch ohne Arbeit.

Unser Hotel war ausgebucht, denn es fand gerade eine Konferenz der Ölfördernden Länder (OPEC) statt und so konnte man die exotischsten Gestalten bestaunen, wenn sie in ihre Limousinen ein- oder ausstiegen, oder wenn man ihnen im Lift begegnete.

Die wenigen Tage, die wir für Johannesburg zur Verfügung hatten, waren schnell verplant. Im Bestreben, kleine afrikanische Unternehmen zu fördern, die oft nur Ein-Mann-Betriebe waren, vermittelte uns der junge Assistant-Manager eine Reiseführerin aus Soweto. Sindi hieß die Frau, die uns in den kommenden Tagen mit ihrem Kleinbus durch das Land chauffierte.

Erste Besichtigungstour: Soweto

Obwohl wir die Nacht im Flugzeug kaum geschlafen hatten, buchten wir mit Sindi für 13 Uhr eine Tour nach Soweto. In den siebziger Jahren war es undenkbar, dass sich ein Weißer nach Soweto verirrte. Es war schlicht nicht erlaubt und gerade deshalb hatte mich damals ein Ausflug in das Ghetto der Schwarzen ganz besonders gereizt. Ich erinnere mich an unbefestigte Sandstraßen, die bei unserer Durchfahrt reichlich roten Staub aufwirbelten. Die einfachen Wohnbauten sahen wie Schuhkartons aus. Sie waren alle gleich und unterschieden sich höchstens durch die Farbe des Anstrichs. Von Stromleitungen war weit und breit nichts zu sehen. Ob es fließendes Wasser in den Hütten gab, wagte ich damals zu bezweifeln. In und um ihre Behausungen verrichteten Menschen ihre tägliche Arbeit. Manch einer war zu Fuß und barfüssig auf den endlos geraden Straßen unterwegs. Die Einheimischen, die uns bei der Durchfahrt gewahrten, schauten verblüfft. Beim Verlassen Sowetos kam uns ein Auto der südafrikanischen Polizei entgegen. Die Insassen des gepanzerten Fahrzeugs liessen uns eigenartigerweise unbehelligt. Nun war die Apartheid abgeschafft worden und wir durften uns rechtmäßig in Soweto bewegen. Diese Gelegenheit wollten wir unbedingt nutzen.

Da wir bis zu unserem Treffen mit der Touristenführerin noch Zeit hatten, erkundeten wir die nähere Umgebung des Hotels in Rosebank. Unglaublich viele Cafés, Restaurants, Geschäfte und Shopping-Center existierten in dieser Gegend. In den Cafés herrschte reger Betrieb, Menschen aller Hautfarben saßen friedlich beieinander, unterhielten sich ungezwungen, lachten und amüsierten sich. Dazwischen handelten Chinesen, Inder, Schwarze und Europäer mit ihren Waren. Was vor wenigen Jahren noch strafbar gewesen war, hatte sich in Normalität verwandelt. Wir staunten und empfanden große Genugtuung. Schon um diese Wandlung mit eigenen Augen zu sehen, hatte sich unsere Reise gelohnt.

Pünktlich um 13 Uhr bestiegen wir den Ausflugsbus von Sindi und fuhren durch die völlig verstopfte Hauptstadt. Bereits früher war das Verkehrsaufkommen hoch, doch jetzt drohte ein regelrechter Verkehrsinfarkt. Die Straßenschilder, die ich vom Auto aus lesen konnte, kamen mir alle bekannt vor, die Gegend blieb mir jedoch fremd, denn zu viele Bauwerke waren hinzugekommen.

Soweto, eine Abkürzung für „South West Township", ist dicht besiedelt. Auf 145 Quadratkilometern leben 3,5 Millionen Menschen, erzählte uns Sindi. Hier leben neun verschiedene afrikanische Stämme, die ursprünglich alle unterschiedliche Sprachen sprechen, trotzdem ist die Verständigung möglich.

Laut Sindi gibt es in Soweto drei verschiedene Wohnklassen. Diejenigen, die es in den letzten Jahren zu Wohlstand gebracht haben, leben in kleinen oder größeren Villen oder hatten sich auch richtige Paläste bauen lassen. Dann gibt es die von der Regierung gebauten Einheitshäuser mit zweieinhalb Zimmerchen, in denen oft mehr als zehn Personen leben und schlafen müssen. Während die staatlichen Bauten heute über die Grundversorgung verfügen, waren diese Wohneinheiten in den fünfziger Jahren noch ohne Elektrizität und Wasser. Slums machen die dritte und größte „Wohnklasse" in Soweto aus. Hier findet man dicht aneinander gereihte Wellblechhütten, Bretter- und Pappbuden, die sich gegenseitig stützen. In diesen notdürftig errichteten Unterkünften gibt es keine Stromversorgung. Die Menschen, die hier leben, benutzen öffentliche Wasserhähne, die irgendwo auf freiem Gelände angeschlossen wurden. Dieses Slumgebiet, um das sich der Staat nicht kümmert, breitet sich immer mehr aus. Die Menschen, die hier hausen, stammen aus ländlichen Gegenden oder aus Anrainerstaaten. Alle waren sie in der Hoffnung gekommen, irgendwann ihr „Glück" in der großen Stadt zu finden.

Mandela bewohnte mit seiner ersten Frau Evelyn Mase und mit vier Kindern ein Zweieinhalbzimmer-Haus in Orlando. In seiner Biographie kann man lesen: „Im Frühjahr 1946 bezogen Evelyn und ich ein städtisches Haus mit zwei Zimmern in West Orlando. Es war ein düsterer spartanischer Bezirk mit schachtelartigen Stadthäusern, die später zu Groß-Soweto gehörten. Das Haus war identisch mit Hunderten anderer, die auf briefmarkengroßen Grundstücken an schmutzigen Straßen erbaut worden waren. Es hatte das gleiche genormte Wellblechdach, den gleichen Zementboden, eine enge Küche und eine Außentoilette. Da die Häuser noch keinen Strom hatten, benutzten wir im Innern der Räume Petroleumlampen. Das Schlafzimmer war so klein, dass darin ein Doppelbett kaum Platz hatte. Um

die Monotonie zu mildern, legten manche Mieter kleine Gärten an oder strichen ihre Türen mit bunten Farben ... Obwohl die Townships etliche hübsche Häuser besaßen, konnte man sie durchaus als Slums bezeichnen, als lebendiges Zeugnis für die Vernachlässigung der Behörden. Die schmutzigen Straßen waren ungepflastert und voller hungriger unterernährter Kinder, die halbnackt herumliefen. Die Luft war geschwängert vom Rauch der Holzkohlefeuer ... Ein einziger Wasserhahn diente mehreren Familien".

Bei unserem Besuch in Soweto mussten wir feststellen, dass sich der Zustand der Township seit den vierziger Jahren nicht wesentlich verbessert hat, im Gegenteil, durch den Zuzug arbeitssuchender Menschen war Soweto noch gewachsen. Wir staunten, dass es einige Leute zu Wohlstand oder sogar Reichtum gebracht hatten, den sie durch protzige Bauten und Luxuslimousinen inmitten des Ghettos zur Schau stellten. Das Gros der Bewohner Sowetos lebte immer noch in bitterer Armut. Angesichts des endlosen Slumgebietes wunderte mich die hohe Sterberate nicht, für die nicht nur Aids der Grund war. Die hygienischen Verhältnisse erwiesen sich als katastrophal. Als Toiletten fielen mir hier und da behelfsmässig aufgestellte Plastik-WC auf, wie man sie oft auf Baustellen sieht. Ob sie wohl ausreichten? Es tat mir in der Seele weh, dieses schreckliche Elend mit eigenen Augen ansehen zu müssen und nichts dagegen unternehmen zu können.

Als unser Bus auf einer Anhöhe anhielt, wo man einen Überblick über die endlosen Slums hatte, fanden wir uns plötzlich umringt von einer lachenden Kinderschar. Die Kinder unterschiedlichen Alters, die aus dem Nichts vor uns aufgetaucht waren, wirkten verwahrlost und mager, machten aber diesen Eindruck mit ihren strahlenden großen Augen und den blitzenden weißen Zähnen wieder wett.

Wir hatten gar nichts dabei, was wir den Kindern hätten schenken können! Statt Obst oder Süßigkeiten konnten wir der Gruppe nur ein paar zusammengeklaubte Münzen überlassen, was ich schrecklich erniedrigend fand. Als weitere Kinder in der Hoffnung, irgendetwas Nützliches zu ergattern, auftauchten, schämte ich mich. Wir stiegen ins Auto und ließen die Kinder zurück. Unser Reiseplan ließ nicht zu, noch einmal zurückzukommen, um den Kindern etwas Sinnvolles zu schenken.

Sindi zeigte uns das stattliche Haus Winnie Mandelas, das auf einer Anhöhe steht. Nach den vielen Schikanen durch die Apartheidsregierung und die Verbannung in die Einöde, meinte sie wohl, dass ihr eine solche Bleibe mit ihren beiden Töchtern zustand. Nelson Mandela, der nach seiner Befreiung vorübergehend in diesem Haus wohnen sollte, lehnte es als zu protzig ab, immerhin lebten 90 Prozent der Menschen in Armut. Für Winnie hingegen war ein Traum Wirklichkeit geworden. Sie lebte hier bis zu ihrem Lebensende im April 2018.

In Soweto, so erzählte unsere Fremdenführerin, gab es drei große Friedhöfe, von denen einer gerade wegen Überfüllung geschlossen worden war. Die Gräberfelder beherbergten Tote jeden Alters, die zum größten Teil an Aids gestorben. Aber auch Krankheiten wie Cholera sind in Soweto keine Seltenheit. Unverhältnismässig viele Kinder und Jugendliche werden von Seuchen dahingerafft. Sindi schrieb uns Ende des Jahres 2005, dass ihr 18 Jahre alter Neffe gerade an Aids gestorben war.

Obwohl jetzt der ANC an der Regierung war, war es nicht gelungen, die Verhältnisse in Soweto zu verbessern. Laut Sindi, wurde sogar das versprochene Schulgeld den Kindern von Soweto verweigert, die neue Regierung hatte sich nach der Wahl einfach nicht an die Abmachungen gehalten. Zwar zahlten die Familien in Soweto für ihre Häuser wenig Miete, aber für Schulgeld, Bücher und Uniformen aufzukommen, war für sie unerschwinglich. Und so blieben viele Kinder weiterhin der Schule fern und mussten ohne Ausbildung zurechtkommen. Viele Lehrer an den Schulen Sowetos wanderten ab, weil die Eltern ihrer Schüler die Gehälter nicht zahlen konnten und den Staat kümmerte das nicht.

Die ersten kasernenartigen Gebäude in Soweto wurden im Jahre 1901 erbaut. Sie waren als Massenunterkünfte für die vielen Minenarbeiter gedacht, die von weit her zur Arbeit kamen und eine Unterkunft benötigten. Gratis durften sie einen bescheidenen Raum bewohnen, der ohne Strom, Wasser, ohne Kochgelegenheit oder Bad war. Die Familien der Minenarbeiter, die oftmals weit weg von Soweto lebten, kamen an den Wochenenden zu Besuch und kassierten gleich einen Teil des schwer verdienten Arbeitslohns, bevor er in Alkohol verwandelt wurde. Im Jahre 2001 konnte das 100jährige Bestehen Sowetos gefeiert werden. Ursprünglich nur für Minenarbeiter gedacht, entstanden in Soweto ab 1952 die so genannten „family houses", die nur von Afrikanern gemietet werden konnten. Da ihnen die Apartheid das Wohnrecht in weißen Stadtteilen verweigerte, strömten Massen von Wohnungssuchenden in das Ghetto Soweto, wo das Regime die Menschen besser unter seiner Kontrolle hatte.

Wir besuchten Nelson Mandelas ehemaliges bescheidenes Einheitshaus im Stadtteil Ost-Orlando 8115, wo der Rechtsanwalt und seine Familie – Winnie und die beiden Töchter – in vier kleinen Räumen spartanisch gelebt hat. Es war ein seltsames Gefühl in diesen engen Räumen mit all den persönlichen Dingen der beiden Freiheitskämpfer Nelson und Winnie Mandela zu stehen. Sie hatten ihr Leben lang gegen den Rassismus der Apartheidsregierung gekämpft. Hier haben sie gemeinsam einen kleinen Teil ihres Lebens verbracht.

Nelson Mandela wurde 1963 wegen politischer Umtriebe mit sieben weiteren Mitstreitern zu lebenslanger Haft verurteilt und Winnie Mandela musste auf die Befreiung ihres Ehemannes bis 1990 warten. Nach seiner Freilassung lebte Mandela nur noch kurze Zeit in seinem bescheidenen Haus in Orlando. Als erster schwarzer Präsident Südafrikas zog Mandela um in einen vornehmen Vorort von Johannesburg, nach Houghton.

Wir besuchten in Soweto die 1964 erbaute moderne und schlichte Kirche „Regina Mundi", die nicht unbedingt durch ihre Schönheit besticht, dafür jedoch sehr geschichtsträchtig ist. Sie ist das Zentrum der größten katholischen Kirchengemeinde Sowetos und bietet angeblich 7.000 Gläubigen Platz. Mitte der siebziger Jahre öffnete sie Anti-Apartheidsgruppen ihre

Tore für politische Veranstaltungen, die auf öffentlichen Plätzen verboten waren. Sie bot auch Aktivisten Unterkunft. Demonstrierende Schüler und Studenten suchten 1976 in der Kirche Schutz, wo die Polizei im Kirchenschiff Schüsse abgab, einige junge Menschen verletzte und etliche Schäden im Kircheninneren anrichtete. Noch heute sieht man an den Kirchenwänden und am Marmoraltar Einschusslöcher. Für die katholische Gemeinde war „Regina Mundi" zur Zeit unseres Besuches immer noch ein wichtiger Ort für Zusammenkünfte aller Art. Ihre Pforten stehen auch offen für Touristen.

Unweit der Kirche liegt das Hector Pietersen-Museum, das für Soweto-Besucher ein Muss ist. Der 13jährige Hector Pietersen gehörte zu den ersten Todesopfern der Unruhen von 1976. Das Foto eines afrikanischen Fotografen, der den Jungen im Todeskampf aufnahm, machte Hector Pietersen zum Symbol des Aufstands. Kurz nachdem wir Südafrika verlassen hatten, protestierten Schüler und Studenten am 16. Juni 1976 gegen die Einführung der Unterrichtssprache Afrikaans. Die anfangs friedliche Demonstration in Soweto sollte sich zu Unruhen ausweiten, die sechs Monate andauerten. Von der Polizei wurden mehr als 550 Demonstranten getötet und zahlreiche Menschen verletzt. Der Sachschaden war enorm. An seinem 26. Todestag wurde am 16. Juni 2002 in Orlando das Hector Pietersen-Museum eröffnet, das an die Geschehnisse des Aufstands erinnern soll. Nelson Mandela höchstselbst eröffnete die Gedenkstätte.
Nach unserer Soweto Rundfahrt erfrischten wir uns im Hotel und besuchten am Abend ein italienisches Restaurant, wo wir uns wieder über die bunt gemischten Besucher an den Tischen freuten, so, als hätte es nie eine Rassentrennung gegeben. Im Hotel fielen wir an diesem Abend todmüde ins Bett. Nach dem Frühstück am nächsten Morgen bestellten wir unser Mietauto, dass wir später für die Rundreise durch Südafrika und die nächste Station, den Krugerpark benötigen würden.

Enttäuschende Rückkehr nach Hillbrow

Dann holte uns Sindi zur vereinbarten Tour nach Hillbrow ab. Zuvor machte Sindi mit uns einen Abstecher zum Haus Mandelas im schönen Stadtviertel Houghton. Die Alleen des Villenviertels waren menschenleer. Alles lag ruhig und friedlich in der Morgensonne. Kein Zeichen ließ erkennen, dass hier eine Berühmtheit zu Hause war. Sindi, die ihren Bus auf der gegenüberliegenden Straßenseite geparkt hatte, ließ mich geduldig meine Fotos machen. Um zu einer besseren Perspektive des Anwesens zu kommen, stieg ich aus und dachte bei mir, wie schön es jetzt wäre, wenn

ich dem großen Mann persönlich begegnen würde. Da öffnete sich das Tor und ein großer schwarzer SUV fuhr langsam auf die Straße. Es war der Chauffeur, der just in diesem Augenblick das Grundstück verließ! Wahrscheinlich hätte ich niemals den Mut besessen, den großen Nelson Mandela anzusprechen. Dass er jetzt in einer schönen Villa lebte, gefiel mir.

Mit Sindi war ausgemacht, dass sie mit uns durch Hillbrow, unser ehemaliges Wohnviertel fuhr. Das tat sie nur ungern, denn dort waren jetzt Schiessereien an der Tagesordnung. Als wir uns dem Fernsehturm auf dem Hillbrow-Hügel näherten, mussten wir schockiert feststellen, dass der Stadtteil total heruntergekommen war. Überall in den Straßen lag Abfall. In verwahrlosten, abbruchreifen Wohnhäusern gab es kaum noch eine heile Fensterscheibe. Nach längerem Suchen fanden wir tatsächlich unseren „The Statesman", ein ehemals luxuriöses Wohngebäude, wo besser verdienende Ausländer „staatsmännisch" untergebracht waren. Jetzt fanden wir nur Verwahrlosung vor. Wo sich einst vor dem Haus die Terrasse und der Swimmingpool befunden hatten, wucherte wildes Gestrüpp. Auch in diesem Gebäude waren die meisten Fensterscheiben eingeschlagen worden und die Scherbenhaufen lagen zerstreut um das Haus herum. Vom gepflegten Rasenplatz, den wir von der gegenüberliegenden Straßenseite aus dem 16. Stock hatten sehen können, war nur ein sandiger Bolzplatz übrig geblieben. Hier hatte sich damals die feine englische Gesellschaft in weißem Outfit inklusive Hut zum Rasen-Bowling getroffen. Nun tobten

Jugendliche, die vermutlich arbeitslos waren, auf dem trockenen, stoppeligen Spielfeld herum.

Überall an den Straßenecken sahen wir kleine Gruppen von Arbeits- und Heimatlosen. Viele Afrikaner aus den Anrainerstaaten, die nach der Apartheid illegal in die Industriemetropole gekommen waren, und auf Arbeit und ein besseres Leben gehofft hatten, waren enttäuscht und frustriert. Ohne Geld und Arbeit benötigten sie trotzdem ein Dach über dem Kopf und hatten in Hillbrow leerstehende Wohnhäuser besetzt, die weder an das Strom- noch an das Wassernetz angeschlossen waren. Alkohol- und Drogenmissbrauch waren an der Tagesordnung. Die Gewalt, die dadurch entstand, war überall in Hillbrow sichtbar. Wir sahen kleine Verkaufstände für Lebensmittel oder Obst. Manche Waren waren auf Zeitungspapier am Boden ausgebreitet. Kleine Gruppen von Leute saßen um ein offenes Feuer, und waren mit grimmiger und wenig hoffnungsfroher Miene in Diskussionen verwickelt. Sindi riet uns davon ab, aus dem Auto auszusteigen. Ohne Zwischenfall konnten wir einen schnellen Schnappschuss vom „Statesman" wagen. Wohl war uns bei diesem Besuch nicht. Nach Soweto waren wir erneut in einen Slum geraten. Als wir langsam die Kotze Street entlangfuhren, wo sich früher in tausend Kneipen das pralle Leben abgespielt hatte, wo sich Restaurants wie das Alt Heidelberg, der Deutsche Bierkeller und Cafés und Supermärkte befunden hatten, erkannten wir überhaupt nichts wieder. Die Clain Street, die ich jeden Tag unterwegs zur

Arbeit bis in die Commissioner Street entlang gegangen war, bot einen traurigen Anblick. Es herrschte zwar viel Autoverkehr, aber zu Fuß war kein Mensch unterwegs. Das Carlton Center in der Commissioner Street, einst das höchste Gebäude Südafrikas, stand samt Shopping Meile leer und unbewohnt da. Der Eingang war verbarrikadiert und zusätzlich mit Stacheldraht gesichert. Das Kinekor-Gebäude, wo mein alter Arbeitsplatz bei der Filmverleihgesellschaft gewesen war, existierte nicht mehr. Der rosafarbene Sandsteinbau war durch einen grünen Glaspalast ersetzt worden, der dem alten Gebäude nur in Form und Höhe glich. Dieser Teil der Commissioner Street und die Market Street waren jedoch sehr sauber und mit dem Bankenviertel auch zu Fuß zu begehen. An unsere Vergangenheit in Hillbrow erinnerte uns nichts mehr. Jetzt blieb uns an diesem Tag noch ein hohes Pensum an Sightseeing: Wir fuhren nach Pretoria.

Mit der neuen ANC-Regierung hatten die Städte und Provinzen andere Namen erhalten und so hieß die ehemalige Hauptstadt Pretoria zusammen mit ihren Vorstädten jetzt Tshwane nach einem afrikanischen Häuptling (es gibt auch einen afrikanischen Stamm dieses Namens). Das frühere Auto-Kennzeichen der Provinz Transvaal war von „TJ" (Transvaal Johannesburg) in „GT" für Gauteng umgewandelt worden.

Pretoria wurde 1855 gegründet, nach dem einstigen burischen Volkshelden Andries Pretorius benannt und liegt etwa 56 Kilometer von Johannesburg entfernt.

Wenn man sich früher zu Ausflügen von Johannesburg nach Pretoria auf den Weg machte, fuhr man durch endlos weites unbesiedeltes Land. 30 Jahre später war die Straße nach Pretoria von großen Gebäudekomplexen und Fabriken internationaler Firmen gesäumt. Sogar die Chinesen haben hier Fuß gefasst, was man an den pagodenähnlichen Dächern feststellen konnte. Das erste, was uns bei der Einfahrt nach Pretoria auffiel, war der riesige unförmige Gebäudeklotz der Universität. Pretorias Technische Universität ist die größte des gesamten Kontinents, während die von Kapstadt als die beste Universität Afrikas gilt.

Breitere Straßen waren inzwischen in Pretoria entstanden, und der Verkehr war einer Großstadt würdig. Wir hatten Glück, denn jetzt Ende September blühten bereits einige der zahlreichen Jakarandabäume, die fast alle Straßen der Stadt säumen. Die blaue Blütenpracht hatte mich schon während meines ersten Aufenthalts in Südafrika tief beeindruckt.

Wir besuchten das einschüchternd große Regierungsgebäude, vor dem immer schon gerne Hochzeitsgesellschaften für ein Erinnerungsfoto posierten. Danach fuhr uns Sindi ins Zentrum, wo wir beim Bummeln im Park auf das Denkmal von Paul Kruger stießen. Er war von 1882 bis 1902 Präsident des Burenstaates. Paul Kruger, ein gebürtiger Deutscher, war es auch, der als Naturliebhaber zum Schutz der Tierwelt 1898 das Sabie-Naturschutzgebiet gründete, aus dem sich der Krugerpark entwickelte.

Südafrikas Regierungsgeschäfte wurden während der Wintermonate von Pretoria aus geführt und in den Sommermonaten nach Kapstadt verlegt. Seit 2004 ist Kapstadt der einzige Regierungssitz. Pretoria galt einst als Buren-Hochburg. Noch heute lebten hier eingefleischte Apartheidsbefürworter, wovon wir uns selbst überzeugen konnten. Nach unserer Tour durch die Stadt mit Sindi war uns nach einer Stärkung zumute und so besuchten wir ein Café, das mitten im Zentrum lag. Zu dritt ließen wir uns dort nieder, nahmen einen Imbiss zu uns, unterhielten uns über unsere Eindrücke und später besuchten Sindi und ich gemeinsam die Damentoilette. Die beiden bleichgesichtigen Burenfrauen, die im Café bedienten, beobachteten uns während unseres gesamten Aufenthaltes missmutig von der Ladentheke aus. Was sie dachten, das stand in ihrem Gesicht geschrieben. Für unser Verhalten wären wir vor der Abschaffung der Apartheid im Gefängnis gelandet oder des Landes verwiesen worden. Im erzkonservativen Pretoria war es für Weiße immer noch verpönt, sich mit schwarzen Mitbürgern in der Öffentlichkeit zu zeigen, geschweige denn mit ihnen ein Restaurant zu besuchen.

Es herrschte heftiger Feierabendverkehr, als wir wir nach Johannesburg zurückfuhren. Wieder hatten wir einen außergewöhnlichen Tag mit unserer Reiseführerin Sindi verbracht.

Ursprünglich hatten wir noch einen weiteren Tag in Johannesburg eingeplant, um unser einstiges Zuhause in Randburg zu besichtigen, außerdem hätte mich ein Besuch im Minen-Museum gelockt. Sebastian schien die hektische Stadt jedoch zu beengen. Er drängte zur Abfahrt in den Krugerpark.

Privataudienz bei den Elefanten

Am 30. September 2005 holten wir unser vorbestelltes Auto ab. Nun hieß es, sich wieder an den Linksverkehr zu gewöhnen. Für mich fühlte es sich ungemütlich an, auf dem Beifahrersitz auf der linken Seite des Autos zu sitzen.

Über Witbank ging es in den Krugerpark. Gegen Abend wurden wir kurz vor dem Ziel wegen überhöhter Geschwindigkeit von der Polizei angehalten. Wir fühlten uns an unsere Zeit in Südamerika erinnert: Die beiden Polizisten wollten nur ihr Gehalt etwas aufbessern, denn Sebs hatte sich an die vorgeschriebene Geschwindigkeit gehalten. So kam es zu einem lustigen Geplänkel, Sebs zahlte eine kleinen Betrag, die Männer waren zufrieden und wir konnten unsere Fahrt fortsetzen. Wir fanden in einer wunderschönen Lodge im Kruger-Wildpark eine Bleibe und weil gerade die Sonne unterging, beobachteten wir von einer Holzempore die wilden Tiere, die sich nach der Tageshitze in der Dämmerung aus ihren Verstecken trauten. Bei milden Temperaturen konnten wir in einem herrlichen Garten unser Abendessen einnehmen.

Im Gegensatz zu früher konnte man jetzt auch vereinzelte schwarze Hotelgäste entdecken, die sich für die Tierwelt des Krugerparks interessierten. Die Mehrheit der Besucher waren jedoch Weiße, die wie eh und je von Schwarzen bedient wurden. Im Garten wurde gegrillt. In langen Reihen standen dunkelhäutige Köche und die üblichen Handlanger in weißen Schürzen und mit hohen Kochmützen vor den Grillrosten, drehten und wendeten das Fleisch auf dem Rost und verteilten es. Alle Angestellten waren um das Wohl der Touristen bemüht, waren freundlich und zuvorkommend. An diesem Abend gab es reichlich Grillfleisch und an leckeren Beilagen mangelte es ebenfalls nicht.

Am nächsten Morgen nahm beim Frühstück im Freien am Nebentisch eine so hinreißend schöne Frau Platz, wie ich sie selten zuvor gesehen hatte, sie war voller Anmut und Grazie. Das Beste an dieser Frau jedoch war ihre selbstbewußte, selbstsichere Art, ihr aufrechtes, würdevolles Auftreten und ihre majestätische Haltung, gleichzeitig aber wirkte sie zurückhaltend und scheu. Die große, schlanke Erscheinung war in ein geschmackvolles, stilvolles, farbenfrohes afrikanisches Kleid gehüllt, das ihre Anmut und hinreißende Figur vollends zur Geltung brachte. Auf dem Kopf trug sie einen Turban, der aus dem gleichen Stoff wie ihr Kleid gefertigt war und ihr hübsches Gesicht mit den feinen Konturen umrahmte. Ihrer aufrechten Haltung nach zu urteilen, schien sie sich ihrer Aufmerksamkeit sehr bewusst.

Die makellose afrikanische Schönheit war in Begleitung ihrer fünf Söhne, die sich ähnelten wie ein Ei dem anderen. Wie die Orgelpfeifen aufgereiht, nahmen sie am Nachbartisch Platz. Ihr Alter schätzte ich auf zwischen 6 und 14 Jahren. Wie ihre Mutter verhielten sie sich ruhig und unaufdringlich, man hörte keinen Mucks und kein Murren. Sie machten den Eindruck, dazu erzogen worden zu sein, weder im positivem noch im negativem Sinne aufzufallen.

Ob die vielfache Mutter wohl aus Nigeria stammte und ihren Mann, der vielleicht am OPEC-Kongress teilnahm, begleitete? Vielleicht hatte er seine Familie, während er seinen Geschäften nachging, mit dem Fahrer in den Krugerpark geschickt?

Das Jüngste der fünf Kinder blieb am Tisch zurück, während sich die anderen am Buffet bedienten, was eine geraume Zeit in Anspruch nahm.

Ich bemerkte, dass der Kleine allmählich unruhig wurde, verzweifelt nach seinen Angehörigen Ausschau hielt, es aber nicht wagte, seinen Sitzplatz zu verlassen. Wahrscheinlich sollte er den Tisch besetzt halten. Beruhigt stellte ich fest, dass sie nach einer Weile alle wieder glücklich vereint waren.

Im Gegensatz dazu fiel mir eine junge Burenfamilie auf, die ebenfalls mit ihren fünf Kindern – lauter weißblonde, sehr hellhäutige Mädchen, ebenfalls im Alter von 6 bis 14 Jahren – den Nationalpark besuchten. Anders als die schwarzen Jungen verhielten sich diese Mädchen völlig ungezwungen, frei und locker. Sie waren weniger zurückhaltend und trotzdem gut erzogen. Als Weiße waren sie mit einem gesunden Selbstbewusstsein aufgewachsen.

Um 9 Uhr fuhren wir mit dem Auto in den Krugerpark, wo uns gleich eine Giraffe über den Weg lief. Im Gegensatz zu früher waren die meisten Straßen geteert, was wohl angesichts den enormen Touristenmassen ganz richtig war. Während wir vor dreissig Jahren bei der Durchfahrt des Wildreservoirs auf den trockenen Sandstraßen fast alleine unterwegs waren und riesige gelbe Staubwolken aufwirbelten, war jetzt Sicht und Durchblick auf der Teerstraße garantiert. In den siebziger Jahren hatte es nur drei oder vier Logdes im Krugerpark gegeben, die spartanisch eingerichtet waren. Nach der Aufhebung der Apartheid und dem großen Touristenandrang wurden neue Hotels und Gästehäuser gebaut, die einen hohen Standard aufwiesen. Die Architektur bestach durch geschmackvolle und wunderschöne Details afrikanischer Volkskunst und Safari-Elementen.

Obwohl im Hotel großer Betrieb geherrscht hatte, verloren sich die Besucher in ihren Fahrzeugen im weiten Gebiet des Naturparks. An den Wasserlöchern befanden wir uns meist ganz alleine. Mir gefielen die Webervögel, die ihre hängenden runden Nestkugeln oft über kleinen Gewässer aufgehängt hatten, um sich dadurch vor Nesträubern schützen. Kudus, Warzenschweine, Säbelantilopen und Nashörner konnten wir aus allernächster Nähe beobachten. Wir genossen es, so nah bei der Natur zu sein. Noch herrschte Trockenzeit, die meist kahlen Bäumen erleichterten das Fotografieren. Den ganzen Tag über ernährten wir uns von Wasser, Bilton und Pfirsichen.

An einem Fluss beobachteten wir Krokodile und Hippos, die träge in der Sonne lagen. An einem Wasserloch konnten wir beobachten, dass knapp zwei Dutzend Zebras ihren Durst an einem Wassertümpel stillen wollten, aber sie scheuten vor etwas zurück. Dann entdeckten wir eine einzelne Hyäne, die das ganze Rudel Zebras in Schach hielt. Immer wenn sich die Zebras dem Wasserloch näherten, reckte sich die Hyäne und setzte sich auf, dann wichen die Zebras zurück. Nach eineinhalb Stunden zogen sich einige der Zebras, darunter eine Stute mit ihrem Fohlen, vom Wasserloch zurück und auch die Hyäne verließ ihren Stammplatz im Tümpel. Einige Zebras kamen daraufhin zurück und tranken ausgiebig. Nach den Zebras folgten die Impalas, die sich zaghaft dem Wasserloch näherten. Sie schnupperten mißtrauisch und verschwanden eiligst wieder in den Busch, bevor sie ihren Durst stillen konnten. Den Grund ihres Verschwindens verstanden wir erst, als die Hyäne wieder auftauchte und sich gemütlich im Wasserbecken niederließ. Sie schien ihre Machtstellung über die anderen Nationalpark-Bewohner zu genießen. Nur ein Löwe hätte dafür sorgen können, dass sie schnell ihren Posten räumte.

Beim Warten an einer anderen Wasserstelle sollte unsere Geduld reichlich belohnt werden, denn eine ganze Elefantenherde samt ihrer Jungen rückte an. Sie tranken, badeten und bespritzten sich vergnügt mit Wasser und fühlten sich dabei sichtlich wohl. Nach einer halben Stunde war die Privatvorführung für uns vorbei.

Nach den vielen Eindrücken kamen wir um 17 Uhr im Hotel Malalane an, das außerhalb des Krugerparks liegt, aber mit seiner Außenanlage an den Park angrenzt. Nach dem Abendessen beobachteten wir von der Aussichtsterrasse des Hotels mit einem Nachtsichtgerät noch Elefanten und Hippos, die bei Dunkelheit auf Nahrungssuche waren. Wir schüttelten den Staub aus den Haaren, duschten und fielen ins Bett. Morgens um 5 Uhr machte sich Sebs bei Sonnenaufgang alleine zu einer Fotosafari bereit. Er wollte zu dieser frühen Stunde die erwachende Tierwelt und die Natur im klaren Licht des Morgens im Bild festhalten. Nach dem Frühstück um 8 Uhr befanden wir uns „on the road again".

Im nächsten Camp, mit dem schönen Namen „Berg en Dal", Berg und Tal, sollten wir noch viele weitere Elefanten und andere wilde Tiere beobachten. Tagsüber blies ein Wind, der sich wie ein Schwall aus dem heißen Backofen anfühlte. Eigentlich war das nicht unangenehm, weil er den Schweiß auf der Haut gleich verdampfen ließ. Wir hatten für reichlich Wassernachschub gesorgt, leider wurde das anfänglich kühle Nass aus der Plastikflasche rasch warm. Erfrischend war das nicht.

Bei Sonnenuntergang zwischen 17 und 18 Uhr, hatten sich alle Touristen im Camp einzufinden. Dann wurden langsam die Löwen munter, die wir von einem Hotelaussichtspunkt beobachten konnten.

Am nächsten Morgen verließen wir die „Berg en Dal-Lodge" in Richtung Grenze nach Swaziland. Unterwegs konnten wir am Sabie-River Krokodile beobachteten und sahen weidenden Kudus. Wir durchquerten das Königreich Swaziland, das mit einer Fläche von 17.363 Quadratkilometern der zweitkleinste Staat auf dem afrikanischen Kontinent ist. Obwohl ich früher einige Male die kleine Hauptstadt Mbabane besucht hatte, erkannte ich sie nicht wieder.

Die Fahrt durch Swaziland war wunderschön. Es ging durch bewaldete Hügel und eine herrliche Berglandschaft, deren Farben von Hellgrau auf Rosa und einem kräftigen Rot-Braun wechselten. Nach vier oder fünf Stunden erreichten wir wieder die Grenze Südafrikas. Obwohl die Landschaft sehr abwechslungsreich war, begann die Fahrt sich endlos hinzuziehen. Lehmfarbige und bunt angemalte Krals, Rundhütten, lagen rechts und links der Straße. Die Zeit schien stehen geblieben zu sein. Wir befanden uns in der Nähe von Piet Retief und fuhren in Richtung Meer. Für den Hluhluve-

Imfolozi Wildpark würde es nicht mehr reichen, deshalb beschlossen wir in St. Lucia zu übernachteten, das zur Provinz KwaZulu-Natal gehört. Um 18 Uhr war die Sonne untergegangen, und bis wir unser Ziel erreicht hatten, war es war stockfinster geworden. Wir hatten Mühe, unser Gästehaus zu finden, da sich kein Mensch mehr auf der Straße befand. Erst in einem einladenden Lokal, das geöffnet hatte, konnten wir nach dem Weg zu unserer Adresse fragen. Später sollten wir zum Abendessen dorthin zurückkehren.

Wir hatten Glück. Im Gästehaus war noch nicht alles belegt. Bei Francis und Rika van der Merve waren wir die nächsten drei Nächte bestens untergebracht. Hübsch verzierte afrikanische Masken, bunte Malereien und wertvolle Skulpturen schmückten unser Heim auf Zeit. Gardinen und Kissen waren mit afrikanischen Motiven bedruckt. Ein breites und bequemes Bett lud uns todmüde Reisende zum Einschlafen ein, aber zuvor mussten wir den Staub loswerden, der alle Poren des Körpers bedeckte. Auf der nahegelegenen Terrasse von Alfredo, der uns den Weg gewiesen hatte, nahmen wir noch eine Mahlzeit ein und genossen die frische Meeresbrise. Hier in Küstennähe war es feuchter und so kühl, dass eine Strickjacke für Wohlbehagen sorgen musste.

Die drei Tage bei den van der Merves waren ein Erlebnis. Wir fühlten wir uns in jeder Hinsicht bei ihnen gut aufgehoben. Im Hluhluwe Imfolozi Wildpark sollten die letzten Breitmaul-Nashörner zu sehen sein. In den Wildpark zog es an diesem Tag zusammen mit uns noch weitere Hausgäste der

Pension. Aber vorher wurde im familiären Kreis ein üppiges Frühstück aufge-
tischt. Ich erinnerte mich wieder an die allmorgendlichen Spiegeleier bei Frau
Hartmann in Melville und deren Spezialpfanne. In der Obhut von Francis und
Rika van der Meerve fühlte ich mich in das Jahr 1971 zurückversetzt.

Unsere nicht mehr so jungen Gastgeber erzählte aus ihrem Leben.
So erfuhren wir von Francis, dass seine Eltern, die noch den erbitterten
Burenkrieg erlebt hatten, oft gehungert hatten. Aus diesem Grund sind die
Buren immer freigebig und auf Gastfreundschaft bedacht, nur die Schwarzen
waren bei diesem sozialen Verhaltenscodex ausgeschlossen. Wenn man
irgendwo in der Wildnis gestrandet war und auf einen Buren traf, so bot
dieser jedem wildfremden Menschen seine Gastfreundschaft an, ließ ihn
bei sich übernachten und verköstige den Fremden ganz selbstverständlich,
ohne eine Gegenleistung zu erwarten. Diese Burentradition schienen die
van der Merves fortzusetzen, auch wenn wir für die Übernachtungen zahlten. Schließlich lebte die Familie ja von den Einkünften.

Rika erzählte von ihren drei Kindern im Ausland, die sie selten sahen.
Einer ihrer Söhne, der Geologie studiert hatte, und bereits einige Jahre
an einem südafrikanischen Institut in Johannesburg tätig gewesen war,
wurde, als der ANC an die Regierung kam, entlassen. Er wurde durch
einen Schwarzen ohne große Berufserfahrung ersetzt. Das schmerzte die
Familie sehr. So erfuhren wir beim Frühstück vom Leben in Südafrika
aus der Perspektive der Buren. Viele Weiße fühlten sich plötzlich von
der Arbeitswelt ausgeschlossen und wanderten aus nach Australien oder
England. Ich fragte mich, wieso nicht alle Rassen gemeinsam das Land
neu gestalteten. Die lange, ungerechte Apartheidszeit hatte wohl zu viele
Wunden zurückgelassen.

Im Hluhluwe Imfolozi Wildpark fanden wir eine ganz andere
Vegetation als im Krugerpark vor. Die Umgebung war bergig, sehr trocken und von Buschwerk umgeben. Wir fuhren den ganzen Tag durch
ein riesiges Gelände und fotografierten unglaublich viele Tiere. Berühmt
ist der Park für seine weißen Rhinozerosse, die uns erst am Ende unserer
Fotosafari begegneten. Rund 20.000 soll es von ihnen weltweit noch
geben. Von den 2.000 Giraffen sahen wir etliche, aber die insgesamt 130
Löwen hatten sich wohl so verteilt, dass wir keine zu Gesicht bekamen. Es
war ein wunderschöner Ausflugstag, aber obwohl wir nur im Auto gesessen und nach Wildtieren Ausschau gehalten hatten, fielen wir abends
todmüde ins Bett.

Am nächsten Tag stand der St. Lucia „Wetland Park" auf dem Programm.
Der St. Lucia-See ist der größte See Südafrikas und hat eine Länge von etwa
50 Kilometern und eine Breite bis zu 15 Kilometern. Hier leben die größten Krokodil- und Flusspferd-Bestände des Landes. Zwischen Seen und

Sümpfen trifft man auf ein Vogelparadies, in dem sich nicht nur Pelikane und Reiher tummeln.

Nachdem es im Hluhluwe Park recht heiß war, setzte hier der erste Regen ein, der mir persönlich sehr ungelegen kam. Die Temperatur von 20 Grad wirkte auf mich recht kühl. Obwohl die Flüsse ausgetrocknet waren und Mensch und Natur nach Regen lechzten, war der leichte Nieselregen vom bedeckten Himmel kein schöner Hintergrund für Fotos.

In der Nacht entlud sich ein heftiges Gewitter mit langen Regenschauern. Nach sechs Monaten absoluter Trockenheit begann die lang ersehnte Regenzeit. Natur, Mensch und Tier atmeten befreit auf. Flussbetten füllten sich wieder, der Staub wurde abgewaschen und die Natur erhielt neue Nahrung.

Unsere Eindrücke der Landschaft und der Tierwelt waren überwältigend, aber immer wieder ging mir bei dieser Reise die Frage durch den Kopf, ob sich etwas Positives für die schwarzen Menschen ergeben hat, seit die neue Regierung das Land übernommen hatte? Ich hatte den Eindruck, dass die schwarzen Frauen immer noch die Hausmädchen und die Männer die Handlanger, nämlich Gärtner, Bedienungen und Putzkräfte waren. Alles schien wie eh und je zu sein. Die schwarzen Arbeiter wurden immer noch in Massen auf offenen Lastwagen transportiert. Die Menschen saßen wie früher geduldig mit dem Rücken zur Fahrbahn am Straßenrand und warteten darauf, dass sie ein kleiner, stets überladener Bus von einem Ort zum anderen transportierte.

Rund um Durban und das indische Einkaufszentrum

Nachdem wir drei Tage in St. Lucia verbracht hatten, ging die Fahrt in Richtung Durban weiter. Die Stadt Durban erhielt 1835 zu Ehren des damaligen Gouverneurs Benjamin D'Urban ihren Namen. Sie liegt an der Küste, die vom Portugiesen Vasco da Gama am 25. Dezember, also an Weihnachten 1497, bei der Suche nach einem Seeweg nach Indien erstmals angefahren wurde. Port Natal war lange Zeit eine Zufluchtsstätte für Schiffbrüchige, Sklavenhändler und Kaufleute.

Während der Fahrt war es dunkel und grau und der Regen, der zwischendurch nachgelassen hatte, setzte kurz vor Umhlanga wieder ein. Wir übernachteten wie früher im Cabana Beach Hotel. Wo in den siebziger Jahren das Hotel einsam in der Natur gestanden hatte, hatten sich in der Nachbarschaft zahlreiche Häuser und Großbauten angesiedelt. Inzwischen war ein Stadtkern entstanden, der viele kleine Läden, Kneipen, Bars und ein Shopping Center beherbergte. Überall sah man Inder als Verkaufspersonal und Bedienungen. Nur das Oyster-Box-Restaurant in Umhlanga, das immer noch florierte, erkannten wir wieder.

Den Blick von Umhlanga aus auf die freundlichen Pastelltöne der Strandstraße von Durban hatte ich früher einmal mit Brighton verglichen. Jetzt säumten Hochhäuser in verschiedenen Höhen, Formen und Farben die Strandstraße. Sie hätten überall auf der Welt stehen können.

Als wir uns das Zentrum von Durban und den Strand ansahen, waren wir die einzigen weißen Menschen, die zu Fuß unterwegs waren. Nur die wenigen Surfer, die sich mit ihren Brettern in die Fluten stürzten, waren auch allesamt weißer Hautfarbe. Da es ungemütlich kalt war und es nieselte, beschlossen wir, wieder ins Hotel zurückzukehren. Unglücklicherweise gerieten wir in die „rush hour", so dauerte die Rückfahrt eine gefühlte Ewigkeit.

Nach dem chinesischen Essen, das wir im Shopping Center einnahmen, machten wir es uns in unserem Apartment bei einer Flasche Rotwein gemütlich. Wir blätterten im Telefonbuch und fanden tatsächlich die Nummer unseres ehemaligen Freundes, des Veterinärs Brian Baker. Sollten wir den alten Freund, der uns sicher zu sich nach Hause eingeladen hätte, wirklich so kurzfristig überfallen? Wer wußte schon, welches Schicksal ihn in der Zwischenzeit ereilt hatte? Ich fand es schade, als sich Sebs schließlich gegen einen Anruf entschied.

Die Schlafzimmer des Hotels waren so konzipiert, dass man vom Bett aus das Meer sehen konnte. Leider war es am folgenden Morgen so neblig trüb, dass mich der Blick nach draußen nicht reizte aufzustehen. Als es dann endlich nach einer Wetterbesserung aussah, frühstückten wir und machten uns erneut auf den Weg nach Durban. Auf dem Highway wurden wir von der Polizei durch Handzeichen gebeten, langsam zu fahren. Ein Laster stand quer zur Fahrbahn und am Boden lag ein Mann in einer Blutlache. Da die Polizisten gerade dabei waren, den verunglückten Schwarzen mit einer Goldfolie zu bedecken, war für uns klar, dass er gerade verschieden war. Traurig über dieses furchtbare Erlebnis, begannen wir trotzdem unsere Stadterkundung. Wir liessen das Auto in einem Parkhaus und entdeckten die Stadt zu Fuß. Wir waren die einzigen Weißen, die im Zentrum unterwegs waren, ansonsten war das Stadtbild von Indern und Schwarzen geprägt.

Durbans Innenstadt war einst ein geschäftiger Platz, Menschen aller Hautfarben strömten durch die überfüllten Straßen. Bei unserem jetzigen Besuch schienen mir die Straßen und Plätze anders bevölkert als damals. Vor dem Regierungssitz demonstrierte eine Menschengruppe, die ihren Protest mit afrikanischem Gesang unterstrich. Fast nur schwarze Menschen schienen das Stadtbild zu prägen. Ich nahm an, dass die Weißen das Zentrum von Durban aus Angst mieden, sie verschanzten sich in ihre weißen Wohnviertel, die zumeist außerhalb der Stadt lagen. Die einstigen Herrscher lebten ein ziemlich eingeschränktes Leben, sie fuhren zu Hause mit dem Auto aus der Garage bis hin zum gesicherten Parkplatz ihres Supermarktes und zurück.

Ab und zu sahen wir Schulklassen, die in ihren Schuluniformen unterwegs waren und uns freundlich grüßten. Wegen des regen Verkehrs hatten wir alle Mühe, die Strassen zu überqueren. Die alte Post und das ausladende Regierungsgebäude mit dem angrenzenden Park standen noch in ihrer einstigen Pracht da. Da wir zum Inder-Markt wollten, fragten wir einen indischen Polizisten nach dem Weg. Dieser riet uns dringend davon ab,

alleine durch dieses Stadtviertel zu gehen. Aber weil wir beschlossen hatten, alte Erinnerungen aufzufrischen, setzten wir unseren Streifzug fort und orientierten uns an der Goldkuppel des Victoria Marktes, die man von weitem sehen konnte. Auf der Straße herrschte ein gewaltiges Gedränge und wir hofften, dass wir diesen Ausflug heil überstehen würden.

Das im indischen Baustil errichtete Marktgebäude war gebaut worden, nachdem Ende 1971 der einst so berühmte Inder-Markt mit all seinen herrlichen Buden und Zelten abgebrannt war. Kurz vor dem Brand hatte ich noch die betörende Atmosphäre, den Geruch der unendlich vielen Gewürze, Aromen, die diversen Farben und vor allem die Begegnung mit den unterschiedlichsten Menschen genossen, die ihre Ware feilboten. Damals hatte auf dem Inder-Markt ein munteres Treiben geherrscht.

Heute befindet sich der Viktoria-Markt mit seinen diversen Geschäften in einem stabilen Gebäude, quasi ein indisches Einkaufszentrum mit Räucherstäbchen und Curry-Duft.

Während es früher edle und kunstvolle Elfenbeinschnitzereien oder feine farbige Stoffe gab, schien es mir, als gäbe es nur noch billige Massenware für die wenigen Touristen, die sich hierher verirrten. Tatsächlich trafen wir nur noch ein paar junge deutsche Rucksacktouristen, die sicher nicht bereit waren, viel Geld auszugeben. Nirgendwo herrschte Andrang an den Verkaufsständen, kaum ein Einheimischer kaufte hier ein. Sie interessierten sich für Märkte, auf denen die Dinge des täglichen Lebens um ein Vielfaches billiger erstanden werden konnten. Ganz ohne Souvenir wollte ich den Markt nicht verlassen, schließlich sollten die eifrigen Überredungskünstler unter den Händlern auch etwas verdienen. Zur Erinnerung erstanden wir ein paar Kleinigkeiten, waren aber im Großen und Ganzen enttäuscht. Interessant war der Markt, wo Lebensmittel wie Fisch, Fleisch und Gemüse angeboten wurden, aber auch hier kauften die wenigen Menschen nur verhalten ein.

Obwohl wir vor Dieben gewarnt worden waren, beobachtete ich mit großem Vergnügen das Treiben der Händler und Käufer in der Stadt. Schwarze, Inder und braune Menschen waren in Durban unterwegs, nur Weiße waren kaum zu entdecken.

In den Straßen herrschte der normale Verkehr einer Großstadt, es sah keineswegs ungepflegt oder unsauber aus. Aber ich hatte die Stadt anders in Erinnerung. Ich kam nur nicht darauf, was anders war.

Wir bummelten am Strand entlang und genossen die Meeresbrise. Ein einzelner weißer Surfer hatte sich in die Fluten gestürzt. Wir gewahrten seltsame Aufhäufungen am Strand und beim näheren Hinsehen stellten wir fest, dass es sich um Obdachlose handelte, die ihr weniges Hab und Gut unter Plastikplanen aufbewahrten, die vor Regen schützen sollten.

116

Einheimische erzählten uns, dass immer mehr Weiße in Armut abglitten, kein Zuhause mehr hatten und sich mit ihrer letzten Habe ein Plätzchen in der Natur suchten. Armut bei Weißen war mir früher nicht begegnet.

Als wir Durban am nächsten Tag verließen, stellten wir während der Durchfahrt fest, dass wir riesige Industrieansiedelungen durchfuhren, in denen man von Umweltschutz noch nie gehört hatte. Durban ist nach Johannesburg und Kapstadt nicht nur die drittgrößte Stadt Südafrikas, sondern auch der drittwichtigste Wirtschaftsstandort in KwaZulu-Natal. Die Zuckerverarbeitung war offensichtlich ein wichtiger Wirtschaftszweig. Es gab Erdölraffinerien, Textil- und Automobilwerke. Mit Mais, Baumwolle und Zitrusfrüchten wird Handel getrieben. Auch der Tourismus ist ein wichtiger Wirtschaftsfaktor, der jedoch rückläufig ist.

Was mich wunderte war, dass es so viel energieintensive Industrie in den südafrikanischen Städten gab. Für fremde Industriestaaten wurden Luft und Umwelt verunreinigt. Die Regierung förderte den Umgang mit erneuerbaren Energien nicht. Ein Land, in dem die Sonne fast 360 Tagen scheint und das über Tausende von Kilometern Küste verfügt, könnte völlig unabhängig von den großen Energiekonzernen sein.

Nachdem wir die Industrie-Vorstädte von Durban hinter uns gelassen hatten, fuhren wir an endlosen Zuckerrohr- und Gemüsefeldern vorbei. Es gab üppiges Weideland, wo große Kuhherden ausgiebig weideten. Dann schienen die endlosen Pinien- und Eukalyptus- Wälder kein Ende zu nehmen. Alles war üppig und grün. Je näher wir der Transkei kamen, desto karger wurde die Natur. Die Temperaturen stiegen an, die Luft wurde immer trockener. Die Hügel waren mit Steppengras überzogen oder manchmal sogar ganz kahl. Die Menschen, die hier in ihren bescheidenen buntbemalten Häusern lebten, besassen ein kleines Stückchen Land, das schwer zu beackern war. Diese kleinen Gehöfte lagen oft meilenweit auseinander. Nirgendwo sah ich Fernsehschüsseln auf dem Dach oder Autos vor dem Haus stehen. Die Menschen lebten hier noch wie vor hunderten von Jahren.

Die Umzäunung der Krals sollte die Haustiere, die auf dem kümmerlichen Gelände weiden, auf dem Grundstück halten. Trotzdem fanden die Tiere auf der Suche nach Nahrung immer wieder einen Durchschlupf und liefen auf die Straße. Durch die Transkei zu fahren, war ein gefährliches Unterfangen. Wir sahen die Überreste vieler Unfälle, die durch freilaufende Tiere verursacht worden waren. An den Straßenrändern lagen tote Schafe, Ziegen, Kühe, einmal sogar ein Pferd. Die Besitzer schien der Freiheitsdurst ihrer Viecher nicht sonderlich zu stören. Einmal sahen wir alle Unfallbeteiligten gemeinsam im Straßengraben: eine Kuh und ein Auto samt Insassen. Diverse Lastwagen waren wegen einer zu abrupten Bremsung ins Schleudern geraten und waren entweder umgekippt oder hatten ihre Ladung verloren. In den Reiseführern wurde nicht umsonst vor Fahrten durch die Transkei gewarnt.

Während der Fahrt auf der Nationalroute 12, die Durban mit East London verbindet, bekamen wir Umtata, die Hauptstadt der Transkei, nur bei der Durchfahrt zu sehen.

Als wir Umtata erreichten, herrschte dort ein buntes und festliches Treiben. Die ganze Stadt schien auf den Beinen zu sein. Wir rätselten, ob wohl ein religiöses Fest gefeiert wurde? Mit dem Auto kam man durch die Menschenmassen schwer voran. Unser Schritttempo erlaubt es mir, die Bewohner der Stadt gründlich anzuschauen. Alle waren gut gelaunt und hatten ihre sonntäglichen Roben angezogen. Hübsch gekleidete Kinder, mit buntem Perlenschmuck und Schleifen im Haar, die ausgelassen neben ihren Eltern herumhüpften, hätten gute Fotomotive abgegeben. Aber ich konnte mich nicht dazu überwinden, diese ahnungslosen Menschen, die mich nicht kannten, zu fotografieren. Am Ende des Verkehrsstaus lüftete ein Plakat das Geheimnis des Menschenauflaufs. Am 5. Oktober 2005 wurde zum „Bier Fest" eingeladen. Ein Oktoberfest in Umtata?

In Qunu, das 20 Kilometer von der Hauptstadt Umtata entfernt liegt, wuchs Nelson Mandela auf, geboren wurde er in Mvezo, einem Ort, der ebenfalls in der Nähe liegt. Umtata oder Mthatha, wie es in der Xhosa-Sprache heißt, hat knapp 100.000 Einwohner und liegt auf 700 Meter über dem Meeresspiegel. Der Fluß Mthatha fließt durch das Stadtgebiet zum rund 50 Kilometer entfernten Indischen Ozean. Die Transkei wurde 1963 von der damaligen Apartheidsregierung zum Freistaat erklärt. Nach dem Ende der Burenregierung wurde die Transkei 1994 wieder Teil der Republik.

Wir übernachteten im Blue Lagoon Hotel in Beacon Bay, wo wir ein herrliches Meer und einen wunderschönen einsamen Strand vorfanden. Am nächsten Tag besuchten wir East London, wo Mercedes seine Autos baut. In der Stadt schien alles wie ausgestorben, nur ein paar schwarze Seelen irrten in der Stadt umher. Die Schwarzen, die Afrikaans sprachen, schauten uns finster an. Wahrscheinlich hielten sie uns für Buren, auf die sie nicht gut zu sprechen waren. Wir entschlossen uns, wieder an die traumhaft schöne Beacon Bay zu fahren, wo wir wenigstens die Natur genießen konnten.

Am nächsten Tag machten wir uns auf den Weg nach Port Elizabeth, das im Volksmund kurz „P. E." genannt wird. Wir fuhren auf ausgesprochen guten Straßen am Meer entlang und konnten gleichermaßen das Grün der hügeligen, sehr reizvollen Landschaft bestaunen. Der Kontrast zwischen den Behausungen der Weißen und der Schwarzen auf dieser Strecke hätten nicht größer sein können.

Die schwarzen Kinder, die wir während unserer gesamten Reise durch Südafrika vor ihren Hütten oder auf den Straßen spielen sahen, beschäftigten sich wie vor 35 Jahren mit ihren kleinen Autos, die aus Draht gefertigt waren, kleine Gummiräder besaßen und an einer Stange geführt wurden. Zu eleganteren Neuerungen hatte es in all den Jahren nicht gereicht. Wenn ein Kind ein altes Fahrrad sein Eigen nennen konnte, wurde es von zehn Kameraden umringt, die alle einmal damit fahren wollten. Weil die Eltern das wenige Geld für notwendige Dinge ausgaben, mussten sich die Kleinen mit einfachen Gegenständen begnügen und zeigten sich dabei oft sehr erfinderisch. Eine Verbesserung der Lebensbedingungen für die Landbevölkerung konnte ich nirgendwo feststellen.

P. E. bereitete uns bei unserer Ankunft eine freudige Überraschung. Der Strandbereich lag im Sonnenlicht, die Stadt bot mit farbig angemalten Häusern ein ungewöhnlich buntes Bild. Schwarze und weiße Menschen prägten gleichermaßen das Stadtbild, sie waren am Strand, in den Straßen und in den Cafés gemeinsam vertreten. Beim sonntäglichen Flohmarkt auf der Strandstraße boten Vertreter der gesamten breiten Palette der Regenbogen-Nation und jeden Alters ihre Waren zum Verkauf an.

Durch den Park, eine Art Disneyland im Kleinformat, spazierten farbige Familien mit ihren Kindern, die sich genau so auf ein Eis oder eine Karussellfahrt freuten wie die Vertreter der blasseren Spezies. Hier schien sich ein normales und selbstverständliches Miteinander der Rassen entwickelt zu haben. Beim Bummel über die Strandstraße fühlten wir uns keineswegs bedroht oder hatten Angst, unsere Kamera öffentlich zu tragen.

Wir besichtigten das gepflegte und großzügige Zentrum der Stadt, in dem mir die wunderschönen viktorianischen Gebäude auffielen. Natürlich entdeckten wir bald das große Steinkreuz, das aus der Zeit der ersten europäischen Seefahrer stammt, die es bei ihrer Landung 1488 an der Küste aufgestellt haben. Port Elizabeth ist die größte Stadt der Provinz Ostkap. Als im Jahre 1820 der Ort den Namen Port Elizabeth erhielt, war dies dem amtierenden Gouverneur der Kapkolonie Sir Rufane Donkin zu verdanken, der damals die kleine Siedlung nach seiner früh verstorbenen Frau Elizabeth benannte. Zahlreiche britische Auswanderer machten den Ort bald zu einem Handelszentrum. Heute ist diese Region zum Schwerpunkt der Autoindustrie geworden. Das Volkswagenwerk, das sich in der Nähe befindet, hat 6500 Beschäftigte und ist das größte in ganz Afrika.

Nach einer unruhigen Nacht, denn vom Strand her gab es laute Dauerbeschallung, verließen wir das Hotel und frühstückten in einem kleinen Café, in dem gerade schwarze Arbeiter eine Pause einlegten und sich stärkten. Uns störte deren Nachbarschaft nicht im Geringsten. Im Gegenteil, wir freuten uns über dieses Stück Normalität. In keiner anderen Stadt haben wir das entspannte Nebeneinander aller Rassen so deutlich erlebt wie in P.E. In Johannesburg wurden die besseren Stadtteile zwar von allen Ethnien besucht, in die anderen Stadtteile durfte man sich nicht wagen. Außerhalb des Zentrums blieben die schwarzen Gruppen unter sich, wie wir zu unserem Bedauern in Hillbrow erlebt hatten. In Durban war zu beobachten, dass Weiße sich gänzlich abkapselten, nur Schwarze oder Inder prägten das Strassenbild.

Wir befanden uns nun auf der 220 Kilometer langen Strecke der Garden Route und fuhren teilweise durch üppige tropische Wälder mit den verschiedensten Baumsorten. Natürlich besichtigten wir den 800 Jahre alten „Big Tree", der 37 Meter hoch ist, die Ausbreitung seiner Krone beträgt 33 Meter und der Umfang des Baumstamms beträgt 8,5 Meter.

Wunderschöne Bergformationen mit wilden Schluchten und steile Felsküsten taten sich zusammen zu einer beeindruckenden Landschaft. Wir sahen, wie sich mutige Bungee-Springer von der 216 Meter hohen Bloukrans-Brücke in die Tiefe stürzten. Wieder veränderte sich die Vegetation, denn unser Weg führte durch die Halbwüste Karoo, in der nur wenig Niederschlag im Jahr fällt, da sich die feuchten Seewinde bereits an den Bergen abregnen. Wenn es jedoch regnet, wird die Ebene von einem in allen Farben blühenden Pflanzenteppich überzogen. Leider hatten wir kein Glück, dieses Wunder mit eigenen Augen zu erleben. Die endlosen Weiten der Karoo waren nur mit trockenem gelbbraunen Gestrüpp überzogen.

Da wir in Knysna Station machen wollten, kamen wir zunächst in den einst kleinen beschaulicher Ort Plettenberg, der am tiefblauen Meer mit einem endlos langen und weißen Strand liegt. Hier war der Bau-Boom ausgebrochen. Neubauten im einheitlichen Kasernen-Stil schossen wie Pilze aus dem Boden und überwucherten den Ort wie ein Krebsgeschwür. Büros der Immobilienfirmen reihten sich aneinander. Ich bemerkte Schilder eines deutschen Immobilienhais, der nicht davor zurückschreckte, auch hier wie auf Mallorca und in anderen Feriendomizilen die Landschaft zu verschandeln.

Wie bereits befürchtet, war auch unser Anlaufpunkt Knysna von der Bauwut betroffen. Riesige Siedlungen wurden aus dem Boden gestampft. Neben den endlosen Einheitssiedlungen lagen etwas abgeschieden die extravaganten Luxusherbergen für besser Verdienende. Die schwarzen Bauarbeiter, die hier Schwerstarbeit leisteten, erhielten einen Hungerlohn. All diese neu errichteten Immobilien wurden in der Hauptsache von Deutschen erworben. Enttäuscht von Knysna wegen des Bau-Booms, fuhren wir weiter in das etwas außerhalb gelegene Brenten at Sea, wo wir uns für zwei Nächte ein kleines Holzhaus mieteten, das nur aus einem Zimmer bestand, aber romantisch am Meer lag. Im Badezimmer überraschte uns eine riesige Duschkabine, in der zwei Leute gleichzeitig duschen konnten. Nach einem 14 Kilometer langen Strandspaziergang kam uns die ausladende Dusche gerade recht. Eigentlich hatten wir eine Bootsfahrt geplant, aber der Wind hatte so stark zugenommen, dass wir darauf verzichteten. Dafür aßen wir mittags bei „34 South", einem bekannten Fischrestaurant, das uns an ein Restaurant im Hafengelände von Freemantle bei Perth/Australien erinnerte. Insgesamt waren die beiden Nächte, die wir im Häuschen verbrachten, recht beunruhigend. Nachts nahm ein Sturm so stark zu, dass unser kleines Holzhaus auf dem Sandhügel mächtig erzitterte.

Strauße und Tropfsteinhöhlen: Ein Nostalgie-Besuch

Dann ging es weiter nach Outshoorn und ich war froh, dass sich das Klima im Landesinnern wieder wärmer zeigte. Obwohl Outshoorn seit unserem letzten Besuch vor 33 Jahren sicherlich gewachsen war, sah man keine großen Veränderungen. Die Weite des roten Landes und die Konturen der Berglandschaft ließen einem das Herz höher schlagen. Zur Erinnerung an unsere Tour vor 33 Jahren, hatten wir das volle Programm der Straußenstadt vor den Bergen im Visier, aber wir begannen mit den Cangoo Caves. Ich hatte eine nasskalte und mit der Zeit unangenehme Führung erwartet, aber diese einstündige Tour war angenehm und trocken, die Höhlenräume erwiesen sich als nicht zu beengt. Überall taten sich im Kerzenschein Silhouetten einer märchenhaften Welt auf. Stalaktiten und Stalagmiten

hatten phantastische Gestalten und bizarre Formen und Konturen ange-
nommen. Es hatten sich Strukturen von wallenden Palmwedeln, Stelen
und Orgelpfeifen gebildet, die Besucher mit oder ohne Phantasie zum
Schwelgen brachten. Wir erfuhren, dass vor etwa 10.000 Jahren in den
Höhlennischen bei den Eingängen Buschmänner gelebt hatten. Angeblich
drangen sie nie tiefer in die Bergkammern ein, da sie glaubten, dass die
Geister ihrer verstorbenen Ahnen dort lebten. Wir besichtigten vier
Kammern, die nach Angaben von Kennern alle unterschiedlich alt sind.
Die Älteste soll vor 1,5 Millionen Jahre entstanden sein, eine wurde auf
500.000 Jahre und die anderen beiden wurden auf 800.000 Jahre datiert.

Da es laut Reiseleitung in dieser Gegend seit 3.000 Jahren kaum
Niederschlag gegeben hatte, bedeutete das, dass die Stalaktiten nicht
mehr wachsen. Die extrem lange Trockenperiode machte die Höhlen
mit ihren 18 Grad Celsius zu angenehmen Räumen. Von den diversen
Höhlenbesichtigungen, die ich in meinem Leben gemacht habe, war diese
die Eindrucksvollste.

Eine Straußenfarm in Outshoorn zu besuchen, war natürlich ein Muss,
und dort erfuhren wir allerhand über die großen Vögel. Heute soll es in
Outshoorn noch 250.000 Strauße geben, obwohl es zu einer Zeit schon
einmal 800.000 waren. Es gibt hier eintausend Farmer, die alle einer
Kooperative angeschlossen sind. Wenn ein Strauß mit ca. 14 Monaten 100

Kilo wiegt, wird er geschlachtet. In großen Inkubatoren werden die Eier ausgebrütet und die Tiere in alle Welt exportiert. Die Federn sind vielseitig zu verwenden, wie z. B. für Staubwedel oder Federboas. Die Haut der Strauße lässt sich zu Taschen und anderen Lederwaren verarbeiten, das Fleisch wird als Steak serviert oder zu Bilton verarbeitet. Es schmeckt wie Rindfleisch und soll kein Fett enthalten. Wenn sie nicht zuvor geschlachtet werden, haben die Strauße eine Lebenserwartung von etwa 40 bis 50 Jahren. Ein Methusalem unter ihnen soll es sogar auf 80 Jahre gebracht haben. Ein Straußen-Ei hat soviel Inhalt wie 18 bis 20 Hühnereier.

Zusätzlich erfuhren wir sogar noch etwas über Krokodileier. Wenn Krokodile ihre Eier in den sandigen Boden legen, bestimmt die Temperatur der Umgebung beim Brüten das Geschlecht. Wenn das Ei warm gelegen hat, gibt es weibliche Krokodilbabies, wenn es kühler lagert, entstehen Männchen. Bei den großen Krokodilgelegen werden oft die oberen Eier von anderen Tieren gefressen, für die unteren besteht deswegen eine bessere Überlebenschance. Aus diesem Grunde sind die meisten Krokodile weiblich, weil sie weit unten im warmen Sand liegen – so erzählte man uns jedenfalls.

Auf dem Weg nach Kapstadt durchfuhren wir abwechslungsreiche Gegenden. Wüstenartiges Bergland und endlose Kornfeldern wechselten einander ab und wir sahen, dass jede Menge Viehzucht betrieben wurde. Wie früher sah man einzelne Menschen am Straßenrand sitzen, oder einsam durch die Natur laufen. Von meinem Beifahrersitz aus philosophierte ich: Die schwarzen Menschen befanden sich entweder immer auf der

Wanderschaft, warteten auf den nächsten Bustransport oder auf bessere Zeiten. Mir fielen sogar ein paar ganz seltene Fahrradfahrer auf, die tapfer ihren weit entfernten Zielen entgegen strampelten.

Kapstadt: Ein altes Versprechen wird eingelöst

Kapstadt ist mit 3 Millionen Einwohnern die zweitgrößte Stadt Südafrikas. Das Kap der Guten Hoffnung, das etwa 45 Kilometer südlich der Hauptstadt liegt, gab ihr seinen Namen. Das Kap der Guten Hoffnung, eine wichtige Station auf dem Seeweg nach Indien, ist auch als Kap der Stürme bekannt, denn starke Nordwinde gefährdeten die Seefahrer der Vergangenheit. Unzählige Schiffswracks liegen auf dem Meeresgrund.

Kapstadt hat ein ganz anderes Klima als Durban. Das liegt an der kalten Benguela-Meeresströmung aus der Antarktis. Hier, am Kap der Guten Hoffnung, trifft der kalte Atlantik aus dem Eismeer auf eine deutlich wärmere Meeresströmung aus dem Indischen Ozean, dem Wasser des Agulha Stroms aus Mozambique. Das Wasser an den Stränden bei Kapstadt hat in der Regel nur eine Temperatur von 13 bis 15 Grad.

Den südlichsten Punkt Afrikas bildet das Kap Agulhas. Hier vermischen sich die beiden Meeresströmungen. Der Indische Ozean vor Durban, also östlich vom Kap, ist wesentlich wärmer als der Südatlantik. In Kapstadt kann das Meer aus dem antarktischen Atlantik sogar in den Sommermonaten recht kühl sein. Die kalten Gewässer beim Kap weisen großen Fischreichtum auf. Da das warme Wasser des Indischen Ozean schnell verdunstet, sorgt dies für mehr Regen und Gewitter in der ganzen Region um Durban. In Kapstadt hingegen wirkt sich aus, dass aus dem kalten Meer nur wenig Wasser verdunstet und der Süd-Ost-Wind trocken ist. Hier regnet es kaum.

Das Wahrzeichen Kapstadts ist der 1.000 Meter hohe Tafelberg. Die Gipfel des Lion's Head und Devil's Peek sorgen für eine unverwechselbare Silhouette.

Weil sich die Tafel-Bucht als natürlicher Hafen anbot, gründeten die Niederländer 1466 hier eine Siedlung. Da sich die Ureinwohner weigerten, mit den Eroberern zu kooperieren, importierten die Holländer Sklaven aus ihrem fernöstlichen Kolonien. Die Frauen unter ihnen wurden in doppelter Hinsicht, als Arbeitskraft und Sexualobjekt, ausgebeutet. Die heutige Bevölkerung am Kap zeugt von dieser Durchmischung von Europäern, Asiaten und Afrikanern. Während der 150jährigen niederländischen Herrschaft wuchs Kapstadt zu einem wichtigen Handelshafen heran. Ende des 18. Jahrhunderts wurde die Region leichte Beute für die britischen Imperialisten, die ihren Einfluss weltweit vergrößern wollten. Die Menschen mit niederländischen Wurzeln, die Buren, wichen ins Landesinnere aus. Gegen Ende des 19. Jahrhunderts kam es zu kriegerischen Zusammenstößen der Buren mit den britischen Kolonialisten, die großen Gegensätze dieser beiden Volksgruppen sind bis heute zu spüren. Nach dem Zweiten Weltkrieg stellten die Buren politisch die Weichen für das südafrikanische Apartheidssystem, was sich in Kapstadt stark auswirkte. Die ohnehin beschränkten Rechte der nichtweißen Bevölkerung wurden durch die Vertreibung aus dem Zentrum in die Randgebiete beschnitten. Die Stadtteile waren strikt nach Rassen getrennt, die guten zentrumsnahen Wohngebiete waren den Weißen vorbehalten.

Ein prominentes Beispiel für die damalige Siedlungspolitik ist der Distrikt 6. Da der Stadtverwaltung dieses Viertel mit seinen Jazzkneipen und seinem quirligen Leben in der Hanover Street suspekt war, ließ man dieses Viertel absichtlich verkommen, deklarierte es 1966 zum Sanierungsgebiet und ließ es dann abreißen. Die Bewohner wurden in neu gegründete Townships verteilt. Erst 1986, als 70.000 Menschen zwangsumgesiedelt werden sollten, unternahm die Apartheidsregierung nach vielen Protesten den Versuch, die Lebensbedingungen in den Armenvierteln zu verbessern.

Vom Balkon des Kapstadter Rathauses hielt Nelson Mandela am 11. Februar 1990, nur Stunden nach seiner Entlassung aus dem Gefängnis, seine erste öffentliche Rede, in der er den Beginn einer neuen Ära in Südafrika ankündigte. Eine Freundin meiner Tochter war dabei. Sie hatte mit ihren damals 14 Jahren eigentlich gar keine Lust, sich politische Reden – auch wenn sie von Mandela waren – anzuhören. Ihr Stiefvater zwang sie und alle anderen Geschwister, zum Rathausplatz zu gehen. Heute ist die junge Frau froh, dass sie beim großen politischen Wechsel, dem Ende der Apartheid in Südafrika, persönlich mit dabei war. Die Rede Mandelas und die Euphorie der Menschenmassen auf dem überfüllten Platz hatten etwas bleibend Magisches.

Seit dem Ende der Apartheid gibt es keine diskriminierenden Gesetze mehr, trotzdem ist es nur einem kleinen Teil der benachteiligten Bevölkerung bisher gelungen, in Wohngebiete zu ziehen, die besser ausgestattet und zentrumsnah sind. Die Grundstückspreise in Kapstadt haben sich rasant entwickelt. Das Stadtzentrum ist sicherer geworden. Für etliche Stadtteile wurden Sanierungsprogramme entwickelt. Trotzdem leben sozial Schwache weiterhin in überfüllten Tonwships, sind oft ohne Arbeit und erhalten wenig oder gar keine staatliche Unterstützung. Um ein funktionierendes Gesundheitswesen muss immer noch gekämpft werden. Probleme wie Aids oder eine hohe Kriminalität sind weiterhin ungelöst.

Beim Vorbeifahren sahen wir, dass sich die verheerenden Zustände in Kayelisha („Neue Heimat"), einer der größten Townships in ganz Südafrika, die Lebensbedingungen nicht sonderlich verbessert hatten.

Für Kapstadt und die umliegenden Orte ist zweifellos der Tourismus die bedeutendste Einnahmequelle. Andere Schwerpunkte sind die Textilherstellung und die Informationstechnologie. Landwirtschaftliche Produkte aus der West Kap Provinz wie Wein, Obst und Blumen werden in alle Welt exportiert.

Bei unserem Besuch stellten wir fest, dass Kapstadt enorm gewachsen war. Unter dem Tafelberg war alles zugebaut. Die Stadt hat außerhalb des Stadtzentrums wunderschöne Sehenswürdigkeiten wie den Botanischen Garten in Kirstenbosch. Als wir uns dort umsahen, sprachen uns afrikanische Schülergruppen, die man an ihren Schuluniformen erkennen konnte, freundlich an. Sie interessierten sich für unsere Herkunft und wollten mit uns fotografiert werden.

Hier im Botanischen Garten konnte man die Südafrikanische Nationalblume, die Protea, überall in den verschiedensten Farben und Formen blühen sehen. Die Farben der üppigen Blumen und Gewächse bildeten einen wunderbaren Kontrast zum strahlend blauen Himmel. Die Ruhe war erholsam und die frische Meeresbrise wohltuend. Wir genossen die zauberhafte Landschaft und konnten von den mehr als 20.000 verschiedenen Pflanzen, die in Südafrika beheimatet sind, etliche bewundern.

Einen Tag verbrachten wir am Kap der Guten Hoffnung, wo sich seit damals nicht viel verändert hatte, abgesehen von den vielen Touristen. Wir besuchten die Pinguin-Bucht, wo sich die kleinen Vögel, die sich an Land watschelnd fortbewegen, im kalten Wasser sehr wohl zu fühlen schienen.

Endlich erreichten wir Somerset West, wo uns langjährige Freunde, Gladys und Walter, am vereinbarten Treffpunkt, dem Shoppingcenter bei McDonalds, abholten. Gladys und Walter hatten wir Ende der achtziger Jahre in Madrid kennengelernt und wir hatten in den folgenden Jahren viel Zeit miteinander verbracht. Am 11. Februar 1990 waren wir gemeinsam in aller Frühe zu einem Wochenend-Ausflug in die Sierra de Credos in der Provinz Avila aufgebrochen. Hier wollten wir ein wenig wandern und den größten Gipfel, den 2.592 Meter hohen Almanzor, bewundern. Als wir gegen Mittag das Auto-Radio einschalteten, stockte Sebastian und mir der Atem. Die insgeheim lang erhoffte Botschaft war so unglaublich, dass wir sie erst gar nicht fassen konnten: Der berühmteste südafrikanische Gefangene Nelson Mandela war nach 27 Jahren Haft entlassen worden. Unsere überschwängliche Freude wurde dadurch getrübt, dass Gladys und Walter über diese Entwicklung nicht sehr glücklich waren. Sie nahmen diese Nachricht mit Sorgen auf, denn ihre Kinder lebten seit einigen Jahren in Südafrika. Die Schwarzen hatten schon immer gedroht, den Weißen irgendwann die Kehle durchzuschneiden. Sollte dieser Augenblick nun gekommen sein? Sie sahen ihre Tochter, die mit ihrer Familie in Johannesburg lebte, und den Sohn, der dort in einem Hotel arbeitete, in großer Gefahr. Die Entspannung, die wir von dem Wochenende erhofft hatten, blieb aus.

Im Nachhinein betrachtet war es Mandela zu verdanken, dass der Umbruch in ein neues Zeitalter sich relativ friedlich vollzog und ein Bürgerkrieg in Südafrika ausblieb: Zwar kam es in Natal 1990 zu Dutzenden von Toten, Hunderten von Verletzten und Tausenden von Flüchtlingen, weil sich die Inkatha-Anhänger mit den ANC-Leuten politisch uneins waren. Trotzdem gelang es Mandela, eine fast friedliche Zusammenführung der verschiedenen Rassen zu erwirken. Gladys und Walter fanden sich mit dem Ende der Apartheid ab und akzeptierten auch, dass ein Schwarzer 1994 Präsident wurde. Einige Jahre später zogen sie als Rentner selbst nach Südafrika zu ihren Kindern, die inzwischen in Kapstadt lebten. In ihren Briefen und Telefonaten schwärmten sie geradezu von dem herrlichen Land mit dem guten Klima, den vielseitigen Freizeitmöglichkeiten, wie dem Golfspiel, und natürlich der Möglichkeit, die Enkelkinder aufwachsen zu sehen. Um das Jahr 2000 herum erkrankte unser Freund Walter an Krebs. Wir waren natürlich sehr traurig und wurden regelmäßig über den Verlauf der Krankheit informiert.

Im Herbst 2005 setzten wir die Pläne einer Rundreise durch unsere alte Heimat endlich um. Kapstadt und Somerset West sollten die letzte Station unserer Reise werden. Im Shopping Center von Somerset West schlossen wir unsere alten Freunde in die Arme. Wir waren erstaunt, wie gut und gesund unser Freund aussah. Er hatte sich kaum verändert. Aber die Ärzte konnten nichts mehr für ihn tun.

Unsere Freunde führten uns in ihr wunderschönes Haus, und wir durften eine Woche lang ihre Gastfreundschaft genießen. Wie alle wohlhabenden Weißen in Südafrika lebten sie in einem von Sicherheitsdiensten kontrollierten geschlossenen Wohngebiet, quasi einem Ghetto für Weiße. Ohne Berechtigung konnte kein Fremder die gesicherte Wohnanlage betreten. Erstaunt erfuhren wir, dass sich die Bewohner über die Dreistigkeit eines dunkelhäutigen Arztes ärgerten, der eine Villa in einer Siedlung für Weiße gebaut hatte. Nachdem die Aufhebung der Apartheid bereits über zehn Jahre zurück lag, war die Rassentrennung aus den Köpfen der Menschen nicht verschwunden.

Das Haus unserer Freunde war herrlich gelegen. Das Cape Helderberg-Gebiet mit den Hottentotten-Bergen bildeten speziell bei Sonnenaufgang oder -untergang eine grandiose Kulisse. Somerset West hat einen wunderbar ausladenden Strand, den wir gleich am ersten Tag ausgiebig erkundeten.

Zum Stichwort Hottentotten: Die ersten Europäer gaben der Urbevölkerung diesen Namen, denn sie riefen bei ihren Gesängen und Tänzen „Hautitou". Heute nennt sich diese Bevölkerungsgruppe Khoikhoi, ein Sammelbegriff von Menschen verschiedener kultureller Herkunft. Zwischen 1713 und 1755 waren die Khoikhoi fast ausgestorben durch Krankheiten wie Pocken, die die Europäer eingeschleppt hatten. Die Verwandten der Khoikhoi leben heute als „Nama" im heißen und trockenen Gebiet des Landesinneren.

Während wir bei unseren Freunden wohnten, begleitete uns Walter fast täglich bei unseren Ausflügen. Er zeigte uns die Veränderungen, die im Lauf der Zeit stattgefunden hatten, so ging es beispielsweise an die Waterfront in Kapstadt, die wir in diesem modernen Zustand gar nicht kannten. Wo in den siebziger Jahren alte Kähne auf Reede gelegen hatten und wir mühsam über rostige, ölverschmierte Ankerketten am Hafen gestiegen waren und die schrecklichen Industrieabgase eingeatmet hatten, war in der Zwischenzeit eine Luxus-Meile entstanden. Hier ragten herrliche Glaspaläste auf, die den Blick auf den wunderschönen Tafelberg freigaben, hier waren exklusive Shopping-Center und internationale Restaurants entstanden. In der Hafenmeile befanden sich kleine Plätze und gemütliche Ecken, wo sich die Besucher in Cafés und Kneipen niederlassen konnten. Beschwingte Musik lud die Besucher zum Zuhören und Verweilen ein. Es herrschte ein munteres und vielfarbiges Treiben, und auch an Touristen mangelte es nicht. Wir erkannten noch Spuren des viktorianischen Teils des Hafens und bemerkten, dass von hier aus die Schiffe nach Robben Island abfuhren. Unsere Unterkunft der siebziger Jahre, das Elizabeth-Hotel in Sea Point, schockierte uns. Die wunderschöne Häuserzeile im viktorianischen Stil war abgerissen und durch seelenlose graue Wohnkästen ersetzt worden. Eine Versuchsbohrinsel verschandelte den Blick auf Robben Island.

Gemeinsam mit unseren Freunden besuchten wir in einer traumhaften Gegend die berühmten Weingüter wie Groot Constantia in Stellenbosch, Paarl und Franschhook (französische Ecke) im Herzen des Weinlands. In einem hübschen französischen Lokal hatten wir einen Tisch bestellt und ließen uns Essen und Wein schmecken. Wir besuchten den kleinen nahe gelegenen Hugenotten-Friedhof und lasen auf den Grabsteinen, wann die einstigen Einwanderer aus Frankreich verstorben waren. Dem todkranken Walter schien dieser Friedhofsbesuch nichts auszumachen. Ganz realistisch hatte er akzeptiert, dass er bald sterben würde. Wenige Monate nach unserem Abschied starb Walter mit 62 Jahren an seinem Krebsleiden. Wir waren froh darüber, ihn noch einmal gesehen zu haben.

Sightseeing besonderer Art auf Robben Island

Sebastian und ich nahmen uns einen ganzen Tag frei von unseren Gastgebern, um die Gefangeneninsel Robben Island zu besichtigen. An der Waterfront bestiegen wir ein Boot, das speziell für diese Insel im Einsatz war. Mit uns waren Besucher aller Rassen und Nationen an Bord. Vor mir saßen Lufthansa-Stewardessen, die sich über ihren Flug austauschten. Nachdem ich von einem jungen schwarzen Pärchen gefragt wurde, was uns auf diese Insel verschlug, begann ein angeregtes Gespräch. Als mir der junge Mann aus Limpopo, der Gegend des Krugerparks, am Ende der Unterhaltung seine Visitenkarte in die Hand drückte, las ich, dass er an seinem Heimatort ein Geistlicher war. Wir versprachen einander zu schreiben, hörten später aber nichts mehr von dem netten Paar.

Robben Island liegt etwa 20 Kilometer von der Küste Kapstadts entfernt und hat eine Länge von 33 Kilometer und eine Breite von knapp 20 Kilometer. Wir erfuhren, dass Robben Island seinen Namen von den Hunderten von Robben, die sich hier einst tummelten, erhalten hatte. Bereits im 17. Jahrhundert war die Insel eine Sträflingskolonie. Die Häftlinge mussten Schwerstarbeit in den Steinbrüchen verrichten. Ab 1840 wurde Robben Island als Krankenstation für Leprakranke genutzt. Später hat man hier psychisch Kranke vom Rest der Welt isoliert. Die Insel diente auch als Marinestützpunkt. Zu allen Zeiten sollen Häftlinge versucht haben, mit provisorisch gebastelten Flößen zu flüchten. Nur einem einzigen Menschen soll das gelungen sein, alle anderen ertranken in der starken Strömung in den eiskalten Fluten.

Ab 1961 wurden auf Robben Island hauptsächlich politische Häftlinge untergebracht, die sich gegen die unmenschliche Apartheidsregierung aufgelehnt hatten. Alle Gefängnisinsassen, auch die wenigen Kriminellen, waren schwarzer Hautfarbe und männlich. 1991 wurde das Hochsicherheitsgefängnis aufgelöst. Seit Anfang 1997 ist Robben Island für Besichtigungen freigegeben und gehört seit 1999 zum Weltkulturerbe der UNESCO.

Bereits Ende Mai 1963 war Nelson Mandela zum ersten Mal auf die Insel gekommen. Ein Jahr später, nachdem ihm und seinen sieben ANC-Mitstreitern in Johannesburg der Prozess gemacht worden war, kam er mit ihnen nach der Urteilsverkündung erneut auf die Insel. Er wusste von seinem ersten Aufenthalt, dass ihn kein Ferienparadies erwartete. Nelson Mandela hat hier 18 Jahre seines Lebens verbracht. Trotzdem hat er die Insel nicht hasserfüllt verlassen

All dies erfuhren wir, als wir das windgepeitschte, felsige Eiland betraten. Sogar unser kurzer Besuch liess bei mir eine Beklemmung aufsteigen.

Ich sah Kapstadt in der Ferne, das nur bei gutem Wetter auszumachen ist. Bei Regen oder Nebel blickt man in ein endloses Grau. Ich stellte mir vor, wie die Gefängnisinsassen an Weihnachten wehmütig die winzigen Lichter des fernen Küstenstreifens betrachteten und sich nach der Wärme ihrer Familie sehnten. Ich konnte mir beim besten Willen nicht vorstellen, hier überleben zu können.

Bei der Führung durch das Gefängnis war es bedrückend zu erfahren, wie brutal und unmenschlich mit den Delinquenten umgesprungen wurde. Zweck der Inhaftierung war es, die Gefangenen zu brechen und sie ihrer Würde zu berauben. Von gewöhnlichen Gefangenen wurden die politischen Gefangenen ferngehalten, um sie nicht mit ihrem Gedankengut zu „infizieren".

Die politischen Gefangenen der Mandela-Gruppe, die 1964 in Insel betraten, wurden von schwer bewaffneten weißen Wärtern empfangen, die sie mit den Worten begrüßten: „Dies ist die Insel, die ihr nicht mehr lebendig verlassen werdet." Hohlköpfige, rassistische Wärter taten alles, um den Inhaftierten das Leben zur Hölle zu machen. Sie sprachen mit den Häftlingen nur Afrikaans und gaben vor, deren englische Antworten nicht zu verstehen.

Für die politischen Gefangenen war ein separater Hochsicherheitsbau errichtet worden. Vor diesem lang gestreckten Festungsbau befand sich ein gepflasterter Hof von etwa dreißig mal zehn Metern. Hier hatten sich die Inhaftierten zum Appell aufzustellen, machten ihre Leibesübungen, oder drehten ihre Laufrunden.

Um ins Innere des Gefängnisses zu gelangen, mussten wir den großen, kahlen Innenhof überqueren. Im langen Gang des Gebäudeinnern befanden sich an beiden Seiten ungefähr 30 Einzelzellen. Jede Zelle hatte ein kleines, mit Gitterstäben versehenes Fenster. Die Zellen waren sehr klein und die Wände feucht. Abgeschottet von der Welt, sollte dieser winzige Raum mit den eisernen Gitterstäben für viele Jahre das „Heim" der politischen Häftlinge bleiben. Es gab keinerlei Möbelstücke in den schmalen Zellen. Als Schlafunterlage diente eine geflochtene Sisal- oder Strohmatte, später ergänzt durch eine Filzmatte. Die drei fadenscheinigen Zudecken wärmten in den kalten Nächten überhaupt nicht, weshalb die Inhaftierten oftmals in ihrer Sträflingsbekleidung schliefen. Später muss es für die Gefangenen klapprige Schlafpritschen mit dünner Schaumstoff-Auflage gegeben haben, denn die standen bei unserer Besichtigung noch in den Zellen.

Den Luxus von fließendem heißem Wasser gab es in den Zellen nicht. Ein Baderaum am Ende des Korridors verfügte über zwei Duschen, aus denen salziges Meerwasser floss. Drei große Metallkübel waren als

Badewannen zu benutzen. Wie schrecklich muss es gewesen sein, sich bei eisigen Wintertemperaturen auch noch kalt waschen zu müssen! Als Toiletten gab es für die Inhaftierten Sanitäreimer. Unser Reiseleiter berichtete, dass das Frühstück aus Porridge oder Maismehl bestand. Als Kaffee diente ein gerösteter und gemahlener Mais-Aufguß. Die Mittagsrationen waren zumeist ungenießbar.

Für Mandela war es am Schlimmsten, in sechs Monaten nur einen Besucher empfangen zu dürfen und jeweils nur einen Brief zu schreiben und zu empfangen. Besuche und Briefe waren beschränkt auf Verwandte ersten Grades.

Erst drei Monate nach seiner Inhaftierung wurde es Winnie, Mandelas Frau, erlaubt, ihren Mann auf Robben Island zu besuchen. Für eine halbe Stunde Besuchszeit wurde sie, begleitet von viel Aufsichtspersonal, von Johannesburg nach Kapstadt verfrachtet. Auf der Fähre, die Winnie von Kapstadt nach Robben Island brachte, steckte man sie in den stickigen Maschinenraum wie eine Aussätzige und wurde so erneut gedemütigt und von anderen Passagieren isoliert. Anschließend sollte Mandela seine Frau zwei Jahre überhaupt nicht mehr sehen. Aus Schikane erteilte man Winnie keine Besuchserlaubnis.

Die Besuche von Verwandten fanden unter der Aufsicht von zwei Wärtern statt. Durch eine Glaswand getrennt, konnten sich die Gefangenen mit ihren Angehörigen nur durch die Glasscheibe unterhalten. Eine Berührung oder Umarmung war ausgeschlossen. Damit die Aufseher die Gespräche verfolgen konnten, war es nur erlaubt, Afrikaans zu sprechen. Afrikanische Sprachen waren verboten. Ausschließlich Familienangelegenheiten durften besprochen werden. Die Besuchszeit dauerte eine halbe Stunde.

Mandela beunruhigte, dass die Post seiner Familie, um die er sich sorgte, von den Behörden oftmals monatelang bewusst zurückgehalten wurde. Die eingehenden und ausgehenden Briefe wurden von den Wärtern zensiert. Beanstandete Stellen wurden mit schwarzer Tinte unkenntlich gemacht oder mit Rasierklingen herausgetrennt. Das Aufsichtspersonal schien es zu genießen, Briefe in Fetzen auszuliefern.

Als Mandelas Mutter im Jahre 1969 starb, wurde ihm die Erlaubnis verweigert, an der Bestattung teilzunehmen. Auch als im selben Jahr sein ältester Sohn aus erster Ehe bei einem Autounfall ums Leben kam, blieben die Behörden hart. Für Mandela war dies äußerst schmerzvoll. Bei Afrikanern darf bei der traditionellen Beerdigung naher Verwandter niemand fehlen.

Nelson Mandela, der Häftling Nr.466/64, wurde mit seinen Leidensgenossen zur Schwerstarbeit im Kalksteinbruch gezwungen. Hier schufteten sie viele Stunden am Tag mit Spitzhacke und Schaufel, und am Abend schmerzten die Glieder von der sinnlosen Fronarbeit. Diese unsinnige Arbeit sollte den Inhaftierten den Lebensmut nehmen. Mandela hielt diese kräftezehrende Arbeit 13 Jahre lang aus.

Es gab brutale Misshandlungen durch die Aufseher und Isolationshaft. Mandela versuchte, sich sportlich fit zu halten und er blieb geistig aktiv. Mit seinen Mitgefangenen erarbeitete er Strategien, um den politischen Kampf gegen die Apartheid weiterzuführen. Mandela studierte die Sprache seiner Feinde, Afrikaans, und wenn er die Genehmigung für Bücher erhielt, las er viel und bildete sich weiter.

Die Verpflegung war anfänglich ungenießbar, besserte sich aber im Laufe der Jahre, weil Kontrollen vom Roten Kreuz durchgeführt wurden. Trotz der Isolierhaft geriet Mandela während seiner gesamten Haft nie in Vergessenheit. Im Gegenteil, er wurde im Laufe der Jahre zu einer internationalen Berühmtheit. Das war in erster Linie seiner Ehefrau Winnie zu verdanken, die unermüdlich für Mandelas Freiheit kämpfte und sich gegen die Apartheidsregierung auflehnte, was auch den internationalen Medien nicht verborgen blieb. Ab 1987 verließen viele internationale Firmen das Land. Als der Druck weiterhin stieg, verhängte die Regierung den Ausnahmezustand.

Die afrikanischen Wintermonate Juni und Juli waren die ödesten auf der Insel, bei starken, anhaltenden Regenfällen überstiegen die gefühlten Temperaturen die 5 Grad Celsius nicht. Mandela erkrankte 1988 schwer und die Gefängnisleitung sah sich genötigt, einen Arzt auf die Insel zu holen. Dieser stellte fest, dass Mandelas Lunge angegriffen war und wies ihn zur Behandlung in eine Kapstadter Klinik ein. Das raue Inselklima, der Staub beim Kalksteinabbau, Hungerstreiks und Einzelhaft hatten Mandelas Körper geschwächt.

Mandela wurde ins Kapstadter Tygerberg Hospital verlegt. Die Sicherheitsvorkehrungen für diesen Transport waren hoch. Ein Konvoi von Militärfahrzeugen und mindestens ein Dutzend Wärter begleiteten ihn. Im Tygerberg Hospital, in dem nie zuvor ein schwarzer Patient behandelt worden war, wurde die gesamte obere Etage geräumt, denn niemand sollte von diesem prominenten Patienten etwas erfahren. Auf dem Gang befanden sich mehr als ein Dutzend bewaffneter Wachposten.

Der behandelnde Arzt stellte bei Mandela ein Lungenödem fest. Die Mediziner entfernten zwei Liter Flüssigkeit aus den Lungen und fanden gleichzeitig eine beginnende Tuberkulose. Es wurde Bluthochdruck diagnostiziert und die deswegen verordnete Diätkost behagte Mandela ganz und gar nicht: Er hatte lange genug karge Kost auf der Insel erhalten. Während der sechs Wochen auf der Isolierstation des Krankenhauses ließ er sich von den Krankenschwestern, bei denen er recht beliebt war, verwöhnen. Durch heimlich serviertes kalorienreiches und schmackhaftes Essen erholte er sich rasch im Tygerberg-Hospital und wurde danach in eine Art Reha-Klinik verlegt, eine luxuriöse Einrichtung, die nie zuvor einen Schwarzen beherbergt hatte.

Anfang Dezember 1988, nachdem Mandela wieder einigermaßen zu Kräften gekommen war, wurde er nach Paarl ins Victor-Vester-Gefängnis verlegt. Zu Mandelas großem Erstaunen wurde er nicht in den Zellentrakt gesperrt, sondern sein Fahrer fuhr am Gefängnisgebäude vorbei und stoppte bei einer leer stehenden Villa. Diese lag auf dem Gefängnis-Gelände und war durch hohe Zäune und Stacheldraht gesichert. Das prächtige Haus war von üppigen Bäumen, Pflanzen und einer enormen Blumenpracht umgeben. Der Sicherheitszaun soll Mandela nicht sonderlich gestört haben, er freute sich über den Swimmingpool, der zum Haus gehörte.

Von jetzt an wurde Mandela von einem eigens für ihn engagierten Koch versorgt, der sich auch um den Haushalt kümmerte. Mit seinem Koch hatte Mandela ein gutes Verhältnis, er durfte sich sogar seine Leibspeisen wünschen, die dieser dann für ihn kochte. Bevor seine unermüdliche Hilfe morgens ins Haus kam, hatte Mandela bereits aufgeräumt und sein Bett gemacht. Er war froh um jede Beschäftigung, die er im Haus ausüben konnte.

Die Behörden hatten ihm inzwischen gestattet, mit seinen Kameraden zu kommunizieren und die Familie durfte ihn nun öfter besuchen. Wenn er Gäste empfing, wie seinen Rechtsanwalt, Politiker oder Komitee-Mitglieder, stand der Koch für die ganze Gesellschaft am Herd.

Mandela wunderte sich, dass er nach den Schikanen von Robben Island in dieses privilegierte Haus verlegt worden war, das auf halbem Weg zwischen Gefängnis und Freiheit lag. Der Grund war einfach: Die Buren-Regierung war darauf bedacht, der Welt zu zeigen, dass der prominente Häftling gut behandelt wurde.

Im Jahre 1989 kam es zu einem Treffen mit Präsident Pieter Willem Botha, das jedoch keine positiven Resultate hervorbrachte, sondern nur unverbindlich und oberflächlich blieb. Nach diesem Gespräch hielt der konservative und rassistische Botha an seiner menschenverachtenden Politik fest, im Gegenteil, er verschärfte sie noch.

Botha regierte von 1978 bis 1989 als Ministerpräsident. Mit einer neuen Verfassung erweiterte er 1983 seine Machtbefugnis und änderte seinen Titel in „Staatspräsident". Als Botha 1989 einen Schlaganfall erlitt, übernahm Frederik de Klerk seine Nachfolge als Regierungschef. Der zwar auch als Hardliner bekannte de Klerk hatte jedoch die Zeichen der Zeit erkannt. Wegen des internationalen Drucks lockerte er die restriktiven Bestimmungen der Rassenpolitik und leitete mit Mandela das Ende der Apartheid ein. Am 10. Dezember 1993 erhielten Mandela und de Klerk gemeinsam den Friedensnobelpreis.

Die von der Regierung Mandela eingesetzte Wahrheitskommission befand 1997, dass sich Botha schwerer Menschenrechtsverletzung schuldig gemacht hat. Wegen seines schlechten Gesundheitszustands blieb er jedoch von einer Strafverfolgung verschont. Pieter Willem Botha, der letzte Apartheidspräsident, starb 2006 im Alter von 90 Jahren. Der unter Botha verbotene ANC war einer der ersten, die der Familie des verstorbenen Präsidenten kondolierten.

Nun zurück zu Mandela: Da der internationale Druck Ende der achtziger Jahre immer mehr zunahm, wurde Mandelas Entlassung aus dem Victor-Vester-Gefängnis langsam vorbereitet. Mandela korrespondierte mit maßgeblichen Politikern wie dem Regierungschef Mr. P.W. Botha, machte Verhandlungsvorschläge und führte zahlreiche Interviews und Gespräche. Am 18. Juli 1989 konnte Mandela mit Winnie, den Kindern, Enkel und den Leibwächtern, die inzwischen dazu gehörten, seinen 71. Geburtstag im Victor-Vester-Haus feiern. Über viele Jahre hinweg hatte er solcher Anlässe versäumt. Dem brutalen Staatsapparat, der 1948 als offizielle Staatspolitik die Apartheid eingeführt hatte, war es in all den Jahren nicht gelungen, die Willenskraft des schwarzen Politikers zu vernichten. Hoch erhobenen Hauptes verließ Nelson Mandela am 11. Februar 1990 das Victor-Vester-Gelände und war nach 27 Jahren endlich frei.

Meine Heldin Winnie Mandela

Als es mich 1971 nach Südafrika verschlug, gab es viele Gründe für einen Neuanfang im fremden Land. Abenteuerlust war einer davon, aber mir geisterte in Deutschland auch die vage Idee im Kopf herum, im Untergrund mit Winnie Mandela gegen die Rassentrennung zu kämpfen. Dieser Vorsatz erwies sich vor Ort schnell als Ding der Unmöglichkeit. Enge Kontakte zu schwarzen Menschen kamen nicht leicht zustande, dafür sorgten die Apartheidsgesetze.

Auch wenn ich Winnie Mandela nie persönlich kennengelernt habe, haben mich ihr kämpferisches Wesen, ihren Widerstand gegen die Staatsmacht und ihre Verbissenheit im Kampf für die Freilassung ihres Mannes tief beeindruckt. Seit meiner Ankunft in Südafrika Anfang der siebziger Jahre bis zum Ende ihres Lebens im April 2018 habe ich Winnie Mandelas Schicksal verfolgt. Immer wieder habe ich mich gewundert, wie sie die Schikanen, die Gemeinheiten und die Brutalität der menschenverachtenden Staatsgewalt überstanden hat. Einmal wurde sie beispielsweise in den frühen Morgenstunden von der Sicherheitspolizei geweckt und ohne Angaben von Gründen festgenommen. 17 Monate später stellte der Staat das Verfahren ohne weitere Erklärung wieder ein, um sie zwei Wochen später unter Hausarrest zu stellen. Selbst ihre Familie wurde drangsaliert, die Geschwister wurden von der Geheimpolizei bespitzelt und jeder Kontakt mit Winnie wurde untersagt. In den Jahren der Verbannung wurde sie sogar am Reisen gehindert. Anträge für Besuche ihres Mannes auf Robben Island wurden oftmals mit absurden Begründungen abgelehnt. Kurz, die Behörden taten alles, um Winnies Leben so unerfreulich wie möglich zu gestalten.

Während ich selbst in Südafrika war, bekam ich über die Medien mit, dass der Druck auf meine Heldin nicht nachließ. Im Jahre 1972 traten Polizisten die Tür des Hauses 8115 West Orlando ein, Backsteine flogen durch die Fenster und es kam zum Schusswaffengebrauch. Immer wieder wurde Winnie angeklagt und immer wieder gab es Haftstrafen. Dann mussten die beiden unmündigen Töchter bei Adoptiv-Eltern untergebracht werden. Winnie, die studierte Sozialarbeiterin, die ihre Tätigkeit mit großem Engagement ausübte, konnte ihren Beruf während ihrer Gefängnisaufenthalte oder der Verbannung nicht ausüben, dann fehlten die Mittel, um sich und die Kinder, Zeni, geboren 1959, und Zindziswa, genannt Zindzi, 1960 zur Welt gekommen, zu unterhalten.

Für mich war Winnie Mandela immer ein Vorbild, eine starke Frau, die sich trotz zahlloser Demütigungen nicht brechen ließ. Dass Winnie im Laufe von fast lebenslangen Quälereien unbändige Wut auf ihre Peiniger verspürt haben muss, lässt sich gut nachvollziehen. Dass sie nach den schweren Jahren in der Verbannung, im Gefängnis und immer am Rande des Existenzminimums irgendwann ihren eigenen Vorteil gesucht hat, ist nur zu verständlich. Sie nahm sich das, was ihr – ihrer Meinung nach – zustand. Nur durch ihre Ausdauer und ihren Starrsinn konnte sie das Gedenken an ihren Mann auf Robben Island weltweit aufrechterhalten. Nach fast 30 Jahren Haft wäre Mandela ohne den Einsatz seiner Frau möglicherweise in Vergessenheit geraten.

Wer weiß, ob der Mord, den man Winnie anhängte, nicht wieder eine der Intrigen der damaligen südafrikanischen Regierung war? Könnte man es Winnie verdenken, wenn sie im Kampf gegen die Herrschenden die Gelegenheit nutzte, rechtlichen Grenzen zu überschreiten?

Nelson Mandela, der seine ärgsten Feinde nach seiner Haftentlassung umarmte, mit ihnen Tee trank und sich mit ihnen versöhnte, konnte es nicht verwinden, dass ihn seine junge Frau in der Blüte ihres Lebens betrogen hatte, während er so viele Jahre im Gefängnis saß. Den beiden Freiheitskämpfern gelang es nicht, nach der Haftentlassung erneut ein gemeinsames Leben zu beginnen. Die Burenregierung spielte schließlich ihren letzten Trumpf aus und verlangte von Mandela die Scheidung, wenn er der erste schwarze Präsident Südafrikas werden wollte. Ob die damaligen Staatenlenker wohl eine unbändige Genugtuung empfunden haben, als sich die beiden berühmtesten Kämpfer gegen die Apartheid des Landes entzweiten? Nach 38 Ehejahren wurden Winnie und Nelson Mandela am 19. März 1996 geschieden.

Die von mir bewunderte schöne und starke Frau, die stets elegant und geschmackvoll gekleidet war, wirkte am Ende ihres Lebens verbittert. Sie hat wohl begriffen, dass der jahrzehntelange Kampf um die Freiheit der schwarzen Bevölkerung noch lange nicht zu Ende ist.

Unsere Reise in die Vergangenheit sollte viel zu rasch enden. Geblieben sind die Erinnerungen an ein Paradies am südlichsten Zipfel des afrikanischen Kontinents: Ein wunderschönes Land mit einer herrlichen und vielfältigen Natur, einer imponierenden Tierwelt und liebenswerten Menschen.

Wir hatten 2005 ein Land bereist, das die Apartheid auf dem Papier hinter sich gelassen hatte, und trotzdem nicht zu einer Einheit geworden war. Die sozialen Unterschiede sind zu gravierend. Eine Persönlichkeit, der es gelingt die Regenbogengesellschaft zusammenzuhalten wie der integre Nelson Mandela, wird es wohl so schnell nicht wieder geben.

Zusammen mit Paul Kruger, bis 1902 Präsident der Südafrikanischen Republik und erster Schützer der einheimischen Tierwelt, hoffen wir:

„Voll Vertrauen legen wir unsere Sache der ganzen Welt zu Füßen. Ob wir siegen oder ob wir sterben, die Freiheit wird sich in Afrika erheben wie die Sonne aus den Morgenwolken."